Oda Tietz

Pikantes rund ums Kaninchen

PIKANTES RUND UMS KANINCHEN

Oda Tietz

Verlagshaus Reutlingen
Oertel + Spörer

Haftungsausschluss:
Zu allen gesammelten und zusammengestellten Rezepten, inklusive der jeweiligen Hinweise, können keinerlei Garantien übernommen werden.
Eine Haftung der Autorin bzw. des Verlages und seiner Beauftragten für Personen-, Sach- und Vermögensschäden ist ausgeschlossen.

Die Deutsche Bibliothek – CIP-Einheitsaufnahme

Tietz, Oda:
Pikantes rund ums Kaninchen / Oda Tietz. – Reutlingen : Verl.-Haus Reutlingen Oertel und Spörer, 1998
    ISBN 3-88627-206-0

© Verlagshaus Reutlingen · Oertel + Spörer · 1998
Postfach 1642 · 72706 Reutlingen
Alle Rechte vorbehalten
Lektorat: Dr. Gabriele Lehari, Reutlingen
Schrift: 10/11 p Palatino
Satz und Druck: Oertel + Spörer, Reutlingen
Einband: Heinrich Koch, Tübingen
Printed in Germany
ISBN 3-88627-206-0

Vorwort

Kaninchen sind Verwandlungskünstler par excellence. Sie präsentieren sich äußerst ansehnlich, duften höchst aufregend, umgeben sich mit geschmackvollen Begleitern, enttäuschen ihre Bewunderer nie und werden deshalb reichlich mit Applaus und Bravorufen bedacht. Sie passen zu allen festlichen Anlässen, jeder mag sie, egal, ob sie sich verführerisch in feinen Suppen oder deftigen Eintöpfen, gebrutzelt am Spieß, frisch aus dem Backofen, kühl, farbenfroh und aromatisch als Salat, als glanzvoller Braten mit Saucen der besten Art oder umschmeichelt von knusprigen Teigen als Pasteten und pikante Torten präsentieren – sie versprechen immer Essvergnügen pur.
Ihre einstige Rolle, „nur" Sonntagsbraten auf dem Familientisch zu sein, ist verblasst. Heute darf für sie jeder Tag ein Sonntag sein. Denn die Küchenfantasien machten auch vor dem zarten, mageren (100 Gramm haben gerade mal 127 Kilokalorien!) und gut verträglichen Kaninchen, das 1,4 bis 2,5 Kilogramm auf die Waage bringt, nicht Halt. Und so entstand peu à peu ein Zungenspitzenreiter nach dem anderen. Der unwiderstehliche Gaumenschmeichler, dem sich kaum ein Feinschmecker entziehen kann, zeigt sich gebraten, gegrillt, gebacken, geschmort – mal edel, mild, zart, sanft und aromatisch, mal würzig, deftig und pikant.
Besonders gut stehen dem fettarmen, vitaminreichen Kaninchenfleisch mit dem zurückhaltenden Aroma Räucherspeck, Zwiebeln, Knoblauch, Wein, Kognak oder Weinbrand und Madeira. Seine Sehnsucht nach den verschiedensten Gewürzen und Kräutern ist groß. Und es liebt das ausgiebige Baden in Sahne, Rotwein, Bier und Buttermilch. Obendrein ist Kaninchenfleisch auch noch wirtschaftlich attraktiv, denn aus Resten lassen sich Pasteten, Salate, Gemüsefüllungen, Bratlinge und bunte Brote bereiten. Die Knochen liefern eine aromatische Suppe. Beim Kauf sollte man darauf achten, dass das Fleisch hell und rosig, das Fett weiß und fest ist. Wichtig ist, dass man einen guten Bräter besitzt, am besten eine längliche, gusseiserne Bratenpfanne, wie sie schon die Altvorderen schätzten. Weiterhin sollte man Rouladennadeln oder Küchengarn parat haben, spitze und scharfe Messer, eine Spicknadel, mit der sich ganz leicht Speckstreifen ins Fleisch ziehen lassen, von den Zutaten das Beste und vor allem viel Kochlust, Feingefühl und Mut zur Kreativität. Dann klappt's auch mit dem glanzvollen Auftritt!
Neugierigen Gaumen und Augen werden immer aufs Neue faszinierende Entdeckungen geboten. Denn Kaninchen sind eine kulinarische Herausforderung! (Ob Kaninchenfleisch auch ewige Jugend und Schönheit verleiht, wie dereinst in Adelskreisen gepriesen, muss jeder selbst herausfinden!)

Ihre Oda Tietz

MASSANGABEN

g = Gramm

kg = Kilogramm

ml = Milliliter

l = Liter

TL = Teelöffel (gestrichen)

EL = Esslöffel (gestrichen)

Prise = Menge, die zwischen Daumen und Zeigefinger gehalten werden kann

Die Zutaten für die Rezepte sind jeweils für 4 Personen berechnet.

Die angegebenen Beilagen sind Vorschläge, die sich natürlich beliebig variieren oder abwandeln lassen oder durch andere Beilagen, deren Zubereitung im letzten Kapitel beschrieben wird, ersetzt werden können.

Inhaltsverzeichnis

Vorwort	V
Inhalt	VII
Tips und Kniffe	VIII

Vorspeisen
Mit Kaninchenfleisch veredelte Salate, Gemüse,
Früchte, Brotaufstriche und Terrinen 9

Suppen und Eintöpfe
Kaninchenfleisch vereinigt sich mit Pilzen,
Kräutern, Beeren, Gemüse und Wein
oder versteckt sich unter der Haube 37

Hauptgerichte
Aus Topf und Pfanne kommen Braten,
mal raffiniert gefüllt, mal interessant verpackt
in Saucen, die sich pikant, herzhaft,
lieblich oder äußerst scharf präsentieren 55

Appetithappen für Gäste
Pasteten, Spieße, Hacksteaks, Partywürstchen,
knusprige Röllchen, würzige Kuchen und Torten
bekommen immer Applaus 115

Beilagen
Klöße, Pfannengerichte, Reis, Nudeln, Gemüse,
Brote und Hörnchen sind eine gute Ergänzung
zu den vielfältigen Gerichten aus Kaninchenfleisch 145

Einkauf:

Kaninchen werden das ganze Jahr über im Wild- und Geflügelhandel angeboten. Man sollte darauf achten, dass das Fleisch hell und rosig und das Fett fest und weiß ist.
Ein ganzes Kaninchen wiegt zwischen 1,4 und 2,5 Kilogramm. Man kann aber auch Kaninchenteile kaufen. Der Rücken wiegt 200 bis 350 Gramm, Keulen bringen 200 bis 300 Gramm auf die Waage. Auch Innereien wie Leber, Herz und Nieren sind bei Händlern im Angebot. Wer die Möglichkeit hat, ein Kaninchen direkt beim Erzeuger zu erwerben, sollte dies nutzen. Das Fleisch ist oft aromatischer, wenn die Fütterung abwechslungsreicher erfolgt.

Aufbewahrung:

Ein frisches Kaninchen kann man im Kühlschrank – in Haushaltsfolie verpackt – zwei Tage aufbewahren. Legt man es in eine Rotwein- oder Buttermilchbeize, hält es sich drei bis vier Tage. Dabei darf man aber das mehrmalige Wenden nicht vergessen.

Einfrieren:

Sorgfältig in spezielle Gefrierbeutel verpackt und dicht verschlossen hält sich ein Kaninchen im Tiefkühlschrank etwa acht Monate.

Tiefkühlware:

Kauft man tiefgekühlte Kaninchen, sollte man die Mindesthaltbarkeitsdaten beachten und prüfen, ob die Verpackung unbeschädigt ist.

Nährwert:

Kaninchenfleisch ist gut verträglich, denn es verfügt über einen geringen Cholesteringehalt. Es liefert den blutbildenden Mineralstoff Eisen und enthält im Vergleich zu anderen Fleischarten verhältnismäßig viel Vitamin C.

KANINCHENSALAT MIT ÄPFELN

Zutaten:

1 Kaninchenrücken
6 Zweige frischer Thymian
30 g Butterschmalz
Salz
frisch gemahlener
schwarzer Pfeffer
6 EL Olivenöl
6 EL Weinessig
1 kräftige Prise Zucker
1 Knoblauchzehe
Blattsalat
3 säuerliche Äpfel
2 EL gehackte Haselnüsse

Zubereitung:

Den Kaninchenrücken häuten und die Rückenstränge vom Knochen lösen. Die Thymianblättchen fein hacken. In einer Pfanne das Butterschmalz erhitzen, das Fleisch hineingeben und auf jeder Seite 4 Minuten braten. Herausnehmen, mit Salz, Pfeffer und Thymianblättchen bestreuen. Warm stellen. Aus Öl, Essig, Zucker, Salz, Pfeffer und ausgepresster Knoblauchzehe eine Marinade bereiten. Den Salat putzen, waschen, abtropfen lassen und in mundgerechte Stücke teilen. Die Äpfel schälen, in Spalten schneiden, dabei das Kerngehäuse entfernen. Kaninchenfleisch und Apfelspalten mit der Marinade vermischen. Auf 4 Tellern Salatblätter anrichten, darauf das Kaninchenfleisch mit den Äpfeln geben und gehackte Haselnüsse darüber streuen.

Beilagen:

Getoastetes, gebuttertes Kräuterbrot (Rezept S. 172) oder Weißbrot, Kräuterhörnchen (Rezept S. 177) oder Baguette

KANINCHENSALAT MIT PILZEN

Zutaten:

500 g gegarte Waldpilze
1 Paprikaschote
2 Tomaten
250 g gegartes Kaninchenfleisch

2 EL Weinessig
6 EL Olivenöl
1 TL Senf
Salz
1 kräftige Prise Zucker

Zubereitung:

Die Pilze abgetropft in eine Schüssel geben. Paprika und Tomaten putzen, waschen und in kleine Würfel schneiden. Das Fleisch in feine Streifen schneiden. Paprika, Tomaten und Fleisch vorsichtig mit den Pilzen vermischen. Aus Essig, Öl, Senf, Salz und Zucker eine Sauce bereiten und zum Salat geben.

Beilagen:

Baguette, Roggenbrötchen, getoastete, gebutterte Kräuterbrotscheiben (Rezept S. 172)

KANINCHENSALAT MIT KARTOFFELN

Zutaten:

4 fest kochende Kartoffeln
4 Gewürzgurken
400 g gegartes Kaninchenfleisch
2 Schalotten
2 Knoblauchzehen
4 Tomaten
4 EL Weinessig
4 EL Olivenöl
Salz
frisch gemahlener schwarzer Pfeffer
1 Prise Zucker

Zubereitung:

Die Kartoffeln in der Schale kochen, pellen, auskühlen lassen und in dünne Scheiben schneiden. Die Gurken ebenfalls in Scheiben, das Kaninchenfleisch in Würfel schneiden. Die Schalotten und die Knoblauchzehen schälen und fein hacken. Mit den Kartoffeln, Gurken und dem Fleisch in eine Schüssel füllen. Die Tomaten überbrühen, häuten und in Scheiben schneiden. Aus Essig, Öl, Salz, Pfeffer und Zucker eine Marinade bereiten und den Salat marinieren. Obenauf die Tomatenscheiben legen.

Beilage:
Eventuell Weißbrot

PIKANTER SALAT

Zutaten:

500 g gegartes Kaninchenfleisch	6 EL Olivenöl
3 Äpfel	1 EL Senf
3 Schalotten	Salz
3 saure Gurken	frisch gemahlener schwarzer Pfeffer
100 ml Weinessig	1 kräftige Prise Zucker

Zubereitung:

Das Kaninchenfleisch in mundgerechte Stücke schneiden. Die Äpfel schälen, in feine Spalten schneiden, dabei das Kerngehäuse entfernen. Die Schalotten schälen, halbieren, in feine Ringe schneiden. Die Gurken in kleine Würfel schneiden. Alles in eine Schüssel füllen. Aus Weinessig, Olivenöl, Senf, Salz, Pfeffer und Zucker eine Marinade bereiten und den Salat damit würzen. Eine Stunde zugedeckt in den Kühlschrank stellen.

Beilagen:

Speckbrötchen (Rezept S. 176), Kräuterhörnchen (Rezept S. 177), Baguette, Weißbrot- oder Roggenbrotscheiben

FEURIGER SALAT

Zutaten:

300 g gegartes Kaninchenfleisch
scharfer, gemahlener Paprika
100 g Sellerie
4 Äpfel
4 EL Zitronensaft
1 Kopfsalat

8 EL Weinessig
6 EL Olivenöl
Salz
frisch gemahlener schwarzer Pfeffer
2 EL Joghurt

Zubereitung:

Das Fleisch in kleine Würfel schneiden und reichlich mit Paprika bestäuben. Den Sellerie putzen, waschen und in feine Streifen schneiden. Die Äpfel schälen, in Spalten, dann in Würfel schneiden, dabei das Kerngehäuse entfernen. Die Apfelwürfel mit Zitronensaft beträufeln. Den Kopfsalat putzen, waschen und trockentupfen. Aus Essig, Öl, Salz und Pfeffer eine Marinade bereiten, die Salatblätter hineintauchen und auf einer Salatplatte anrichten. Sellerie und Äpfel darauf legen. Obenauf das Fleisch anordnen. Mit Joghurtklecksen garnieren.

Beilagen:

Kräuterhörnchen (Rezept S. 177), Speckbrötchen (Rezept S. 176) oder Weißbrot

KANINCHENFLEISCHSALAT MIT SARDELLEN

Zutaten:

400 g gegartes Kaninchenfleisch
6 EL Olivenöl
3 EL Zitronensaft
4 EL gehackte Kräuter
(Petersilie, Estragon, Schnittlauch, Kerbel)
4 hartgekochte Eier
2 Sardellen
Außerdem: frische Salatblätter

Zubereitung:

Das Kaninchenfleisch in kleine Würfel schneiden. Aus Olivenöl, Zitronensaft, Kräutern, Salz und Pfeffer eine Marinade bereiten und über das Fleisch geben. Die Eier schälen und halbieren. Die Sardellen in Streifen schneiden und auf den Eihälften anordnen. Auf Salattellern die Salatblätter verteilen, darauf Fleischwürfel anordnen und jeweils zwei Eihälften mit Sardellen darauf setzen.

Beilagen:

Speckbrötchen (Rezept S. 176),
Weißbrot oder Zwiebelbrötchen (Rezept S. 174)

LÖWENZAHNSALAT MIT KANINCHENWÜRFELN

Zutaten:

500 g gegartes
Kaninchenfleisch
Salz
frisch gemahlener
schwarzer Pfeffer
½ TL scharfes Paprikapulver
1 rote Paprikaschote

1 Tomate
2 hart gekochte Eier
200 g junge Löwenzahnblätter
5 EL Olivenöl
5 EL Weinessig
2 EL Crème fraîche

Zubereitung:

Das Kaninchenfleisch in Würfel schneiden, mit Salz, Pfeffer und Paprika würzen. Die Paprikaschote und die Tomate waschen, putzen und in kleine Würfel schneiden. Die Eier schälen und ebenfalls in kleine Würfel schneiden. Von den Löwenzahnblättern die Stiele herausschneiden. Die Blätter waschen, gut abtropfen lassen und auf Salattellern verteilen. Aus Olivenöl, Weinessig, Salz und Pfeffer eine Sauce bereiten und die Löwenzahnblätter damit marinieren. Darauf das Kaninchenfleisch, Paprika-, Tomaten- und Eiwürfel anordnen. Jeweils einen Klecks Crème fraîche darauf geben.

Beilagen:

Kräuterhörnchen (Rezept S. 177), Speckbrötchen (Rezept S. 176) oder Hörnchen mit Fleischfülle (Rezept S. 178)

FRÜHLINGSSALAT MIT KANINCHENWÜRFELN

Zutaten:

200 g Kaninchenfleisch ohne Knochen (aus dem Rücken)
50 g durchwachsener Speck
20 g Butterschmalz
Salz
frisch gemahlener schwarzer Pfeffer
1 Bund grüne Zwiebeln
4 EL Olivenöl
Saft von ½ Zitrone

Zubereitung:

Das Fleisch waschen, trockentupfen und in mundgerechte Stücke, den Speck in kleine Würfel schneiden. In einer Pfanne das Butterschmalz erhitzen, die Speckwürfel hineingeben und goldgelb braten, die Fleischstücke zufügen und auf beiden Seiten je 3 Minuten braten. Warm stellen. Die Zwiebeln mit dem Grün putzen, waschen und in Stücke schneiden. Aus Öl, Zitronensaft, Salz und Pfeffer eine Marinade bereiten und den Salat damit marinieren. Die Fleischstücke mit den Speckwürfeln darüber geben. Sofort servieren.

Variante:

Anstelle von Frühlingszwiebeln kann man auch Schalotten wählen (8 Stück), mit Maiskörnern aus der Dose vermischen und auf knackigen Kopfsalatblättern anrichten.

Beilagen:

Kräuterhörnchen (Rezept S. 177), Speckbrötchen (Rezept S. 176) oder getoastete, gebutterte Weißbrotscheiben

KANINCHENRÖLLCHEN AUF TOMATENSCHEIBEN

Zutaten:

4 Kaninchenrückenfilets
Salz
frisch gemahlener
schwarzer Pfeffer
20 Spinatblätter
20 frische Basilikumblätter

30 g Butterschmalz
100 ml Kalbsfond
(Fertigprodukt)
6 Tomaten
3 EL Olivenöl
3 geschälte Knoblauchzehen

Zubereitung:

Die Filets waschen, trockentupfen und mit Salz und Pfeffer einreiben. Spinat- und Basilikumblätter waschen, trockentupfen und auf den Filets verteilen. Die Filets zusammenrollen und mit Rouladennadeln oder Küchengarn zusammenhalten. In einem Topf das Butterschmalz erhitzen, die Röllchen hineingeben, ringsum anbraten und den Kalbsfond angießen. Die Röllchen etwa 10 Minuten köcheln lassen. Inzwischen die Tomaten waschen und in Scheiben schneiden. In einer Pfanne das Öl erhitzen, die Scheiben hineingeben und etwa 4 Minuten dünsten. Mit Salz, Pfeffer und ausgedrückten Knoblauchzehen würzen. Die Tomatenscheiben auf Salatteller verteilen und die Kaninchenröllchen darauf anordnen.

Beilagen:

Roggenbrotscheiben, Roggenbrötchen, Baguette oder Kräuterhörnchen (Rezept S. 177)

KANINCHENSTREIFEN AUF KOHLRABI

Zutaten:

2 Kohlrabi
1 kleiner Eisbergsalat
200 g gegartes
Kaninchenfleisch
6 EL Olivenöl

3 EL Zitronensaft
Salz
frisch gemahlener
weißer Pfeffer
Minzeblätter

Zubereitung:

Die Kohlrabi schälen und in hauchdünne Scheiben schneiden. Den Eisbergsalat waschen, trockentupfen und in dünne Streifen schneiden. Das Fleisch in feine Streifen schneiden. Auf 4 Salatteller jeweils in der Mitte Eisbergstreifen anordnen. Kohlrabischeiben ringsum legen und die Fleischwürfel darüber verteilen. Aus Öl, Zitronensaft, Pfeffer und Salz eine Marinade bereiten und über den Salat geben. Mit Minzeblättern verzieren.

Beilagen:

Kräuterhörnchen (Rezept S. 177), getoastete,
gebutterte Weißbrot- oder Kräuterbrotscheiben (Rezept S. 172)

MEDAILLONS AUF RADIESCHENSALAT

Zutaten:

3–4 Bund Radieschen
2 EL Weinessig
3 EL Olivenöl
1 kräftige Prise Zucker
Salz
frisch gemahlener schwarzer Pfeffer
4 Kaninchenfilets aus dem Rücken
30 g Butterschmalz

Zubereitung:

Die Radieschen putzen, waschen, in dünne Scheiben schneiden und in eine Schüssel geben. Mit Essig, Öl, Zucker, Salz und Pfeffer marinieren. Das Fleisch in Medaillons schneiden und mit Salz und Pfeffer würzen. In einer Pfanne das Butterschmalz erhitzen, die Medaillons auf beiden Seiten knusprig braten. Herausnehmen und auf dem Radieschensalat anrichten.

Beilagen:

Kräuterhörnchen (Rezept S. 177), Speckbrötchen (Rezept S. 176), Roggenbrot- oder Weißbrotscheiben

MANDELMEDAILLONS AUF BLATTSALAT

Zutaten:

500 g Filet (aus dem Rücken)
Salz
frisch gemahlener
schwarzer Pfeffer
2 Eier

2 EL Mehl
125 g gehackte Mandeln
50 g Butterschmalz
Außerdem: frische Salatblätter

Zubereitung:

Das Fleisch waschen, trockentupfen, in Medaillons schneiden und mit Salz und Pfeffer einreiben. Die Eier verquirlen. Die Medaillons zuerst in Mehl wälzen, dann durch die Eimasse ziehen und danach mit Mandeln panieren. In einer Pfanne das Butterschmalz erhitzen, die Medaillons hineingeben und auf jeder Seite etwa 3 Minuten goldgelb braten. Auf knackigen Salatblättern anrichten.

Beilagen:

Kräuterhörnchen (Rezept S. 177), getoastete, gebutterte Kräuterbrot- (Rezept S. 172) oder Weißbrotscheiben

MEDAILLONS AUF ROTWEINPORREE

Zutaten:

4 mittelgroße Porreestangen	½ l Rotwein
30 g Butterschmalz	400 g Kaninchenfleisch ohne
Salz	Knochen (aus dem Rücken)
frisch gemahlener	80 g durchwachsener Speck
weißer Pfeffer	2 EL Olivenöl
1 Messerspitze abgeriebene	
Muskatnuss	

Zubereitung:

Die Porreestangen putzen, waschen und in fingerlange Stücke schneiden. In einer feuerfesten Form das Butterschmalz erhitzen, die Porreestücke hineinlegen und kurz andünsten. Mit Salz, Pfeffer und Muskat würzen, den Rotwein angießen und im vorgeheizten Backofen bei 200 Grad 15 Minuten garen. Das Fleisch waschen und trockentupfen. Medaillons schneiden und leicht klopfen. Den Speck in kleine Würfel schneiden. In einer Pfanne das Öl erhitzen, den Speck ausbraten, die Medaillons hineingeben und auf beiden Seiten je 3 Minuten braten. Den Porree mit einem Schaumlöffel herausnehmen, auf 4 Teller verteilen und die Medaillons obenauf setzen.

Beilagen:

Baguette, getoastete und gebutterte Weißbrot- oder Kräuterbrotscheiben (Rezept S. 172), Kräuterhörnchen

KANINCHENSÜLZE

Zutaten:

1 Bund Wurzelwerk (Möhre,
Sellerie, Petersilienwurzel)
2 Zwiebeln
4 Kaninchenkeulen
1 TL Thymian
4 Pimentkörner
1 Lorbeerblatt
je 8 Wacholderbeeren
und Pfefferkörner
$1/2$ l Rotwein

$1/8$ l Weinessig
$1/2$ l Fleischbrühe
Salz
40 g Butterschmalz
4 kleine Gewürzgurken
200 g marinierte Champignons
2 EL getrocknete Steinpilze
10 Blatt weiße Gelatine
$1/4$ l Madeira

Zubereitung:

Das Wurzelwerk putzen, waschen und klein schneiden. Die Zwiebeln schälen und in Scheiben schneiden. Die Kaninchenkeulen waschen und in eine Schüssel legen. Thymian, Pimentkörner, Lorbeerblatt, Wacholderbeeren, Pfefferkörner, Wurzelwerk und die Zwiebelscheiben dazu geben. Rotwein, Essig und Fleischbrühe darüber gießen. Zugedeckt über Nacht an einem kühlen Platz durchziehen lassen. Die Kaninchenkeulen gelegentlich wenden. Das Fleisch herausnehmen, trockentupfen und mit Salz einreiben. In einem Bräter das Butterschmalz erhitzen, die Keulen hineingeben und auf beiden Seiten anbraten. Die Rotweinbeize mit dem Gemüse und den Gewürzen dazugeben, erhitzen und alles eine Stunde köcheln lassen. Die

KANINCHENSÜLZE

Keulen herausnehmen und auskühlen lassen. Den Sud durch ein Sieb gießen. Die Gurken und die Champignons in Scheiben schneiden. Die Steinpilze und die Gelatine getrennt in kaltem Wasser einweichen. Das Fleisch von den Knochen lösen und in Würfel schneiden. Mit den Gurken- und Champignonscheiben in eine Form füllen. Die Steinpilze ausdrücken und dazugeben. Die Flüssigkeit und die Gelatine zum Sud geben. Gut verrühren und in die Form gießen. Im Kühlschrank erstarren lassen.

Tip:

Zum Portionieren von zarten Sülzen braucht man ein scharfes Küchen- oder Elektromesser.

Beilagen:

Kräuterbrot (Rezept S. 172) oder Baguette mit Preiselbeermayonnaise

Für die Preiselbeermayonnaise vermischt man 6 EL Mayonnaise mit 6 EL Preiselbeerkompott und gibt 1 Teelöffel abgeriebene, unbehandelte Orangenschale dazu. Zuletzt hebt man 100 ml steif geschlagene Sahne darunter.

KANINCHENFLEISCH AUF SELLERIE

Zutaten:

4 dicke Scheiben gegarter Sellerie
2 EL Zitronensaft
2 EL Kognak oder Weinbrand
400 g gegartes Kaninchenfleisch (evtl. Bratenreste)
3 Gewürzgurken
2–3 EL Sojasauce
Salz
frisch gemahlener schwarzer Pfeffer
1–2 EL Preiselbeermarmelade

Zubereitung:

Die Selleriescheiben mit Zitronensaft und Kognak oder Weinbrand beträufeln. Das gegarte Kaninchenfleisch und die Gewürzgurken in kleine Würfel schneiden und miteinander vermischen. Mit Sojasauce, Salz und Pfeffer würzen. Die Masse pyramidenförmig auf den Selleriescheiben anordnen. Obenauf einen Klecks Preiselbeermarmelade geben.

Beilagen:

Getoastetes Kräuterbrot (Rezept S. 172), Kräuterhörnchen (Rezept S. 177) oder Speckbrötchen (Rezept S. 176)

REISKROKETTEN

Zutaten:

125 g Langkornreis
1 TL Salz
200 g gegartes Kaninchenfleisch
50 g durchwachsener Speck
100 g geräucherte Entenbrust
2 Eier
Salz
frisch gemahlener schwarzer Pfeffer
100 g Semmelbrösel
Butterschmalz zum Ausbacken
Außerdem: einige frische Salatblätter, Tomatenachtel, Petersiliensträußchen

Zubereitung:

Den gewaschenen Reis, das Salz und $1/4$ Liter Wasser in einen Topf geben, zum Kochen bringen und anschließend 20 Minuten bei geringer Hitze köcheln lassen. Den gegarten Reis in eine Schüssel füllen. Das Kaninchenfleisch und den Speck in kleine Würfel schneiden. Die geräucherte Entenbrust häuten und ebenfalls in kleine Würfel schneiden. Kaninchenfleisch, Speck und Entenbrust mit den Eiern, dem Stärkemehl, Salz und Pfeffer zum Reis geben. Alles gut vermischen. Aus dem Teig Röllchen formen und in Semmelbröseln wenden. In einer Pfanne reichlich Butterschmalz erhitzen und die Röllchen darin ringsum knusprig braten. Auf Glastellern Salatblätter anrichten und die Röllchen darauf geben. Tomatenachtel und Petersiliensträußchen anlegen.

Beilage:

Roggenbrotscheiben

GEFÜLLTE ZWIEBELN

Zutaten:

4 Gemüsezwiebeln (à 200 g)
200 g Kaninchenfleisch ohne
Knochen
50 g Kaninchenleber
125 g durchwachsener Speck
2 Knoblauchzehen, Salz
frisch gemahlener
schwarzer Pfeffer

1 Ei
2 EL Semmelbrösel
4 dünne Scheiben
Räucherspeck
30 g Butterschmalz
100 ml trockener Weißwein
50 ml Fleischbrühe
Außerdem: frische Salatblätter

Zubereitung:

Die Zwiebeln schälen und in Salzwasser 10 Minuten garen. Herausnehmen, etwas auskühlen lassen, einen Deckel abschneiden und die Zwiebeln etwas aushöhlen. Das Ausgehöhlte fein zerkleinern und in eine Schüssel geben. Das Kaninchenfleisch und die Kaninchenleber mit dem Speck durch den Fleischwolf drehen und ebenfalls in die Schüssel füllen. Die Knoblauchzehen schälen und fein hacken. Zusammen mit Salz, Pfeffer, Ei und Semmelbröseln zum Fleisch geben. Alles gut vermischen. Mit dieser Masse die Zwiebeln füllen, den Deckel aufsetzen, jeweils eine Speckscheibe darüber legen. Eine feuerfeste Form mit Butterschmalz einfetten, die Zwiebeln hineinsetzen und im vorgeheizten Backofen bei 200 Grad etwa 10 Minuten garen. Weißwein und Fleischbrühe angießen und noch weitere 10 Minuten garen. Herausnehmen und auf Salatblättern anrichten.

Beilagen:

Baguette, Roggenbrötchen, Speckbrötchen (Rezept S. 176) oder Kräuterhörnchen (Rezept S. 177)

GEFÜLLTE PAPRIKA

Zutaten:

je 2 große rote, gelbe und grüne Paprikaschoten
2 EL Olivenöl
125 g durchwachsener Speck
300 g gegartes Kaninchenfleisch
100 g schwarze, entkernte Oliven
2 Knoblauchzehen
1 EL gehackter Oregano
Salz
frisch gemahlener schwarzer Pfeffer
3 Tomaten
2 EL Crème fraîche

Zubereitung:

Die Paprika waschen und halbieren, dabei die Kerne und die weißen Trennwände herausnehmen. Ein Backblech mit Öl einfetten, die halben Paprikaschoten mit der Öffnung nach unten darauf legen und im vorgeheizten Backofen bei 200 Grad etwa 15 Minuten backen. Dabei darauf achten, dass die Oberfläche nicht zu dunkel wird. Die Paprikaschoten herausnehmen, etwas auskühlen lassen und dann die Haut abziehen. Den Speck in kleine Würfel schneiden und in einer Pfanne kross ausbraten. Vom Herd nehmen. Das Fleisch in kleine Würfel schneiden. Die Oliven in dünne Scheiben schneiden. Die Knoblauchzehen schälen und fein hacken. Fleisch, Oliven, Knoblauch, Oregano, Salz und Pfeffer mit den Speckwürfeln und dem Speckfett vermischen und die Paprikahälften damit füllen. Die Tomaten waschen und in Scheiben schneiden. Jeweils eine Tomatenscheibe auf die gefüllten Paprikahälften geben und einen Klecks Crème fraîche darauf setzen.

Beilagen:

Speckbrötchen (Rezept S. 176), Zwiebelbrötchen (Rezept S. 174) oder Kräuterbrot (Rezept S. 172)

GEFÜLLTE TOMATEN

Zutaten:

6 große Tomaten	Salz
400 g gegartes Kaninchenfleisch	frisch gemahlener schwarzer Pfeffer
200 g gegarte Champignons	4 EL Sherry
je 1 gelbe und 1 grüne Paprikaschote	100 ml Schlagsahne
	1 Eigelb
30 g Butterschmalz	2 EL geröstete Kürbiskerne

Zubereitung:

Die Tomaten waschen, halbieren und etwas aushöhlen. Das Fleisch in feine Streifen, die Champignons in Scheiben schneiden. Die Paprika waschen, putzen und in Streifen schneiden. In einer Pfanne das Butterschmalz erhitzen, die Paprikastreifen, Fleisch und Champignons hineingeben und 10 Minuten garen. Salz, Pfeffer und Sherry zufügen. Die Schlagsahne mit dem Eigelb verquirlen und einrühren. Die Tomatenhälften damit füllen. Kürbiskerne darüber streuen.

Beilagen:

Speckbrötchen (Rezept S. 176),
Baguette oder Roggenbrotscheiben

GEFÜLLTE BIRNEN

Zutaten:

4 große Birnen	2 EL Mayonnaise
Saft von einer Zitrone	Salz
250 g gegartes Kaninchen-	2 EL Johannisbeergelee
fleisch (evtl. Bratenreste)	1–2 EL Crème fraîche
1 EL scharfer Senf	

Zubereitung:

Die Birnen schälen, halbieren, das Kerngehäuse herausschneiden und etwas aushöhlen. Die Birnenhälften gut mit Zitronensaft marinieren, damit sie sich nicht braun färben. Das Fleisch in kleine Würfel oder Streifen schneiden und mit Senf, Mayonnaise, Salz und Johannisbeergelee vermischen. Die Birnenhälften damit füllen. Obenauf einen Klecks Crème fraîche setzen.

Tip:

Anstelle von Birnen können auch Äpfel verwendet werden.

Beilagen:

Kräuterhörnchen (Rezept S. 177) oder getoastetes, gebuttertes Kräuterbrot (Rezept S. 172) oder Baguette

GEFÜLLTE PFIRSICHE

Zutaten:

5 Pfirsiche
1 Apfel
250 g gegartes Kaninchen-
fleisch (evtl. Bratenreste)
Salz
1 kräftige Prise Zucker

2 EL Kognak oder Weinbrand
2 EL Mayonnaise
2 EL saure Sahne
Außerdem: frische Salatblätter,
8 Walnusshälften

Zubereitung:

4 Pfirsiche enthäuten, halbieren und entsteinen. Den restlichen Pfirsich enthäuten und zusammen mit dem ungeschälten Apfel in kleine Würfel schneiden. Das Fleisch ebenfalls klein schneiden. Pfirsich- und Apfelwürfel zum Fleisch geben und mit Salz, Zucker, Kognak oder Weinbrand, Mayonnaise und saurer Sahne vermischen. Den Salat auf die Pfirsichhälften verteilen, auf Salatblättern anrichten und mit je 2 Walnusshälften verzieren.

Beilage:

Toastbrotscheiben

KANINCHENLEBER AUF KRÄUTERBROT

Zutaten:

500 g Kaninchenleber
2 Schalotten
1 Bund Schnittlauch
3 EL gehackte Petersilie
50 g Butterschmalz
¼ l Rotwein
frisch gemahlener
schwarzer Pfeffer

Salz
1 Messerspitze abgeriebene
Muskatnuss
4 Scheiben getoastetes
Kräuterbrot (Rezept S. 172)
oder Weißbrot
Außerdem: Tomatenscheiben
und Petersilie zum Garnieren

Zubereitung:

Die Kaninchenleber waschen und in Streifen schneiden. Die Schalotten schälen und fein hacken. Den Schnittlauch waschen, abtropfen lassen und in kleine Ringe schneiden. In einer Pfanne das Butterschmalz erhitzen, die Schalotten und die Kräuter hineingeben und 2–3 Minuten darin dünsten. Kaninchenleberstreifen dazugeben und Rotwein angießen. Alles erhitzen und etwa 10 Minuten köcheln lassen. Mit Salz, Pfeffer und Muskat abschmecken. Auf den getoasteten Brotscheiben anordnen. Mit Tomatenscheiben und Petersiliensträußchen garnieren.

KANINCHENTERRINE

1 küchenfertiges Kaninchen
Salz
frisch gemahlener
weißer Pfeffer
⅛ l Kognak oder Weinbrand
250 g Kalbfleisch
100 g Kaninchenleber
1 Brötchen
¼ l Milch
100 g Champignons

150 g gekochter Schinken
3 Schalotten
2 Knoblauchzehen
1 Ei
1 Messerspitze abgeriebene
Muskatnuss
12 dünne Scheiben durch-
wachsener Speck (300 g)
2 Lorbeerblätter

Zubereitung:

Das Kaninchen häuten, waschen und trockentupfen. Mit einem scharfen Messer Filets herausschneiden, mit Salz und Pfeffer würzen und in eine Schüssel legen. Den Kognak oder Weinbrand über das Fleisch gießen und zugedeckt 2 Stunden kühl stellen. Dann das restliche Fleisch von den Knochen lösen und fein schneiden. Das Kalbfleisch und die Kaninchenleber durch den Fleischwolf drehen. Das Brötchen in der Milch einweichen. Die Champignons in Scheiben, den Schinken in Würfel schneiden. Die Schalotten und die Knoblauchzehen schälen und fein hacken und mit dem ausgedrückten Brötchen, dem Ei, dem restlichen, zerkleinerten Kaninchenfleisch, der Kaninchenleber, dem Kalbfleisch, Champignons, Schinken, Salz,

Kaninchenterrine

Pfeffer und Muskat vermengen. Eine feuerfeste Form mit 4 Speckscheiben auslegen, die Hälfte der Fleischmasse darauf geben und mit 4 Speckscheiben belegen. Die Filets aus der Marinade nehmen, trockentupfen, auf die Speckscheiben geben und mit der restlichen Fleischmasse bedecken. Die restlichen Speckscheiben und die Lorbeerblätter obenauf geben. Die Form schließen. Die Fettpfanne des Backofens mit heißem Wasser füllen, die Form hineinstellen und bei 200 Grad $1^{1}/_{2}$ Stunden garen. Herausnehmen, auskühlen lassen, in Scheiben schneiden und auf knackigen Salatblättern anrichten

Beilagen:
Getoastetes Kräuterbrot (Rezept S. 172) oder Toastbrot

KANINCHENLEBER-AUFSTRICH

Zutaten:

400 g Kaninchenleber
4 Schalotten
100 g Butter
3 EL gehackte Kräuter
(Petersilie, Estragon,
Schnittlauch)

4 Scheiben getoastetes
Kräuterbrot (Rezept S. 172),
Baguette oder Weißbrot
Außerdem: Tomatenscheiben
zum Garnieren

Zubereitung:

Die Kaninchenleber waschen. Die Schalotten schälen und in feine Ringe schneiden. In einer Pfanne die Hälfte der Butter zerlassen, die Schalotten und die Kaninchenleber hineingeben und 10 Minuten dünsten. Im Mixer pürieren, die restliche Butter einrühren, mit Salz und Pfeffer abschmecken und mit den gehackten Kräutern vermischen. Auf getoastetem Kräuterbrot anrichten. Mit Tomatenscheiben garnieren.

KANINCHENSUPPE MIT KRÄUTERN

Zutaten:

1 Kaninchenkeule
Salz
frisch gemahlener
weißer Pfeffer
1 Zwiebel
2 Möhren

125 g durchwachsener Speck
2 EL Sonnenblumenöl
400 g Kartoffeln
100 ml Schlagsahne
gehackte Kräuter (Petersilie, Schnittlauch, Dill)

Zubereitung:

Die Keule waschen, trockentupfen, mit Salz und Pfeffer einreiben und in einen Topf legen. Die Zwiebeln und die Möhren putzen, grob zerkleinern und zum Fleisch geben. $1^1/_4$ Liter Wasser angießen. Alles zum Kochen bringen und bei mäßiger Hitze eine Stunde garen, dabei den Schaum auf der Brühe hin und wieder abschöpfen. Das Fleisch herausnehmen und warm stellen. Die Brühe durch ein Sieb gießen. Den Speck in kleine Würfel schneiden. In einem Topf das Öl erhitzen und den Speck darin ausbraten. Die Kartoffeln schälen, waschen, in Würfel schneiden und 10 Minuten im Speck durchschwitzen lassen. Die Brühe zugießen, zum Kochen bringen und alles 5 Minuten köcheln lassen. Die Sahne einrühren, mit Salz und Pfeffer abschmecken und das in kleine Würfel geschnittene Fleisch hineingeben. Zuletzt die Kräuter darüber streuen. Auf vorgewärmte Teller geben und sofort zu Tisch bringen.

Beilagen:

Roggenbrotscheiben oder Speckbrötchen (Rezept S. 176)

PIKANTE KANINCHENSUPPE

Zutaten:

1 küchenfertiges Kaninchen (etwa 1,5 kg)
2 Zwiebeln
1 Lorbeerblatt
8 Wacholderbeeren
$1/2$ TL Majoran
Salz
6 Möhren
2 EL Tomatenmark
frischer gemahlener schwarzer Pfeffer
Paprikagewürz
100 ml Rotwein
$1/8$ l saure Sahne

Zubereitung:

Das Kaninchen waschen, trockentupfen und in portionsgerechte Stücke teilen. Die Zwiebeln schälen und grob zerkleinern. Das Fleisch und die Zwiebel in einen Topf legen und 1 Liter Wasser angießen. Lorbeerblatt, zerdrückte Wacholderbeeren, Majoran und Salz zufügen, zum Kochen bringen und eine Stunde leise köcheln lassen. Das Fleisch herausnehmen, von den Knochen befreien und durch den Fleischwolf drehen. Die Brühe durch ein Sieb gießen. Die Möhren putzen und reiben und zusammen mit dem durchgedrehten Fleisch und dem Tomatenmark in die Brühe einrühren und 10 Minuten köcheln lassen. Mit Salz, Pfeffer und Paprika würzen. Rotwein und saure Sahne einrühren und noch etwas erhitzen, aber nicht kochen lassen.

Beilagen:

Speckbrötchen (Rezept S. 176), Zwiebelbrötchen (Rezept S. 174), Weißbrot- oder Roggenbrotscheiben

KANINCHENSUPPE MIT ROTWEIN

Zutaten:

1 küchenfertiges Kaninchen (etwa 1,5 kg)
2 Zwiebeln, 2 Möhren
50 g Sellerieknolle
40 g Butterschmalz
Salz, frisch gemahlener schwarzer Pfeffer
etwas scharfes Paprikapulver
5 EL Tomatenmark
2 Nelken, 1 Lorbeerblatt
2 EL Mehl
$1^{1}/_{2}$ l Fleischbrühe
$^{1}/_{8}$ l Rotwein
2 EL gehackte Kräuter (Petersilie, Schnittlauch, Estragon, Basilikum)

Zubereitung:

Das Kaninchen waschen, trockentupfen und in 8 Stücke teilen. Die Zwiebeln schälen und fein hacken. Die Möhren und den Sellerie putzen, waschen und klein schneiden. In einem Topf das Butterschmalz erhitzen, das Fleisch hineingeben und ringsum anbraten. Das Gemüse zufügen und 5 Minuten mitbraten. Salz, Pfeffer, Paprika, Tomatenmark, Nelken und Lorbeerblatt zugeben, Mehl darüber stäuben und die Fleischbrühe angießen. Alles zum Kochen bringen und 45 Minuten bei mäßiger Hitze köcheln lassen. Die Kaninchenteile herausnehmen, das Fleisch von den Knochen lösen und in mundgerechte Stücke schneiden. Die Suppe durch ein Sieb gießen, den Rotwein zufügen und mit Salz und Pfeffer abschmecken. Die Fleischstücke hineingeben. Alles erhitzen. Mit Kräutern bestreut servieren.

Beilagen:

Baguette, Kräuterbrot- (Rezept S. 172) oder Weißbrotscheiben

KANINCHENSUPPE MIT CHAMPIGNONS

Zutaten:

1 küchenfertiges Kaninchen
(etwa 1,5 kg)
2 Zwiebeln
1 Stange Lauch
1 Sellerieknolle
1 Petersilienwurzel
150 g durchwachsener Speck

30 g Butterschmalz
2 Gewürznelken
4 Pfefferkörner
Salz
500 g gegarte Champignons
$1/4$ l Rotwein
2 EL Mehl

Zubereitung:

Das Kaninchen waschen, trockentupfen und in 8 Stücke teilen. Die Zwiebeln schälen und in Ringe schneiden. Lauch, Sellerieknolle und Petersilienwurzel putzen, waschen und zerkleinern. Den Speck in kleine Würfel schneiden. In einer Pfanne das Butterschmalz erhitzen, den Speck hineingeben und kross ausbraten. Das Fleisch zugeben und ringsum anbraten. Das Gemüse, Nelken, Pfefferkörner, Salz und $1^{1}/_{4}$ Liter Wasser zufügen. Zum Kochen bringen und eine knappe Stunde bei mäßiger Hitze köcheln lassen. Die Kaninchenteile herausnehmen. Das Fleisch von den Knochen lösen und in mundgerechte Stücke schneiden. Die Champignons in Scheiben schneiden und mit den Fleischstücken und dem Rotwein zur Suppe geben. Das Mehl in wenig Wasser glatt rühren und die Suppe damit binden. Mit Salz und Pfeffer abschmecken.

Beilagen:

Baguette oder Weißbrot

KANINCHENSUPPE MIT REIBEKÄSE

Zutaten:

1 küchenfertiges Kaninchen	1 Lorbeerblatt
2 Zwiebeln	1 Thymianzweig
2 Möhren	Salz
1 Stange Porree	6 Pfefferkörner
50 g Sellerieknolle	4 EL Schlagsahne
4 EL Olivenöl	3 EL Kognak oder Weinbrand
2 EL Mehl	4 EL Reibekäse

Zubereitung:

Das Kaninchen waschen, trockentupfen und in 8 Stücke teilen. Die Zwiebeln schälen und grob zerkleinern. Möhren, Porree und Sellerieknolle putzen, waschen und klein schneiden. In einem Topf das Öl erhitzen und die Kaninchenteile darin ringsum anbraten. Das Gemüse zufügen und 5 Minuten dünsten. Mehl darüber stäuben. $1^{1}/_{4}$ Liter Wasser angießen, Lorbeerblatt, Thymianzweig, Salz und Pfefferkörner zugeben und zum Kochen bringen und zugedeckt eine knappe Stunde köcheln lassen. Die Fleischstücke, das Lorbeerblatt und den Thymianzweig herausnehmen. Die Knochen entfernen. Das Fleisch in mundgerechte Stücke schneiden und wieder in die Suppe geben. Sahne und Kognak oder Weinbrand einrühren. Die Suppe auf vorgewärmte Teller füllen. Jeweils 1 Esslöffel Reibekäse darüber streuen.

Beilagen:

Weißbrot- oder Roggenbrotscheiben oder Baguette

KANINCHENSUPPE MIT HAUBE

Zutaten:

20 g getrocknete Steinpilze
200 g Blätterteig (tiefgekühlt)
1 küchenfertiges Kaninchen
125 g durchwachsener Speck
1 Zwiebel
1 Stange Lauch
1 Möhre
50 g Sellerieknolle
20 g Butterschmalz
1 Petersilienwurzel
1 Lorbeerblatt

1 Thymianzweig
4 Wacholderbeeren
Salz
frisch gemahlener
schwarzer Pfeffer
$^1/_4$ l Rotwein
1 EL Mehl
1 EL Butter
4 EL Madeira
1 Ei

Zubereitung:

Die Pilze in Wasser einweichen. Den Blätterteig nach Vorschrift auftauen. Das Kaninchen waschen, trockentupfen und in Stücke teilen. Den Speck in kleine Würfel schneiden. Das Gemüse putzen, waschen und zerkleinern. In einem Topf das Butterschmalz erhitzen, die Speckwürfel hineingeben und ausbraten. Die Fleischstücke zugeben und 5 Minuten schmoren lassen. Das zerkleinerte Gemüse, die Pilze mit der Flüssigkeit, Lorbeerblatt, Thymianzweig, zerdrückte Wacholderbeeren, Salz, Pfeffer, Rotwein und 1 Liter Wasser zufügen. Alles zum Kochen bringen und bei mäßiger Hitze 45 Minuten köcheln

KANINCHENSUPPE MIT HAUBE

lassen. Die Fleischstücke, das Lorbeerblatt und den Thymianzweig herausnehmen. Das Fleisch von den Knochen lösen, in mundgerechte Stücke schneiden und wieder zur Suppe geben. Das Mehl mit der Butter vermengen, in die Suppe geben, verrühren und kurz aufkochen lassen. Mit Madeira abschmecken. Die Suppe in feuerfeste Tassen füllen. Den Tassenrand mit Eiweiß bestreichen. Blätterteig 3–4 mm dick ausrollen, Kreise ausstechen und die Tassen damit belegen. Die Teigränder gut andrücken. Aus Teigresten beliebige Verzierungen (Rosetten oder Gitter) formen und auf die Teigplatte legen. Den Blätterteig mit Eigelb bestreichen und die Suppe mit Haube im vorgeheizten Backofen bei 200 Grad 10 Minuten überbacken.

Beilage:
Getoastete, gebutterte Toastbrotscheiben

KANINCHENTOPF MIT PREISELBEEREN

Zutaten:

1 küchenfertiges Kaninchen (etwa 1,7 kg)
Salz
frisch gemahlener schwarzer Pfeffer
40 g Butterschmalz
4 Schalotten
2 EL Mehl
$1^1/_2$ l Fleischbrühe
1 EL mittelscharfer Senf
4 EL Preiselbeerkompott
$^1/_8$ l roter Portwein

Zubereitung:

Das Kaninchen waschen, trockentupfen, in kleine Stücke teilen und mit Salz und Pfeffer einreiben. In einer Kasserolle das Butterschmalz erhitzen und die Fleischstücke darin ringsum anbraten. Die Schalotten schälen, in Viertel schneiden und zum Fleisch geben. Das Mehl darüber stäuben und die Brühe zugießen. Erhitzen und eine Stunde bei mäßiger Hitze köcheln lassen. Das Fleisch herausnehmen, von den Knochen lösen und in mundgerechte Stücke schneiden. Die Suppe mit Senf, Salz, Preiselbeerkompott und Portwein würzen. Das Fleisch hineingeben. Alles kurz erhitzen und auf vorgewärmte Teller füllen.

Beilagen:

Speckbrötchen (Rezept S. 176) oder gebutterte Kräuterbrotscheiben (Rezept S. 172)

KANINCHENTOPF MIT KARTOFFELN

Zutaten:

1 küchenfertiges Kaninchen (etwa 1,5 kg)
Salz, frisch gemahlener schwarzer Pfeffer
125 g durchwachsener Speck
3 Zwiebeln, 2 Knoblauchzehen
200 g frische Waldpilze
30 g Butterschmalz
je 1 EL gehackte Petersilie, Thymian, Dill
$3/4$ l Fleischbrühe
$1/4$ l Weißwein (Riesling)
4 fest kochende Kartoffeln (300 g)
Außerdem: gehackte Petersilie zum Bestreuen

Zubereitung:

Das Kaninchen waschen, trockentupfen, in 6 bis 8 Stücke teilen und mit Salz und Pfeffer würzen. Den Speck in kleine Würfel schneiden. Die Zwiebeln und die Knoblauchzehen schälen und fein hacken. Die Pilze kurz abbrausen, putzen und klein schneiden. In einem Bräter das Butterschmalz erhitzen, das Fleisch hineingeben und ringsum anbraten. Speck, Zwiebeln, Pilze, Knoblauch und Kräuter zugeben und 5 Minuten mitbraten. Alles mit Salz und Pfeffer würzen. Fleischbrühe und Wein angießen. Zugedeckt 30 Minuten köcheln lassen. Inzwischen die Kartoffeln schälen, waschen und in Stücke schneiden. Zum Fleisch geben und alles noch weitere 20 Minuten köcheln lassen. Abschmecken. Mit Petersilie bestreut servieren.

Beilage:

Eventuell Roggenbrotscheiben

KANINCHENTOPF MIT PFEFFERSCHOTE

Zutaten:

1 küchenfertiges Kaninchen
2 Zwiebeln
2 Knoblauchzehen
50 g Schweineschmalz
$1/2$ TL gemahlener Kümmel
1 TL Majoran
$1/2$ TL scharfer Paprika
Salz

4 Pfefferkörner
$1 1/4$ l Fleischbrühe
4 Tomaten
1 grüne und 1 gelbe Paprikaschote
1 Pfefferschote
4 Kartoffeln
30 g eiskalte Butter

Zubereitung:

Das Kaninchen waschen, trockentupfen und in Stücke teilen. Die Zwiebeln und die Knoblauchzehen schälen und fein hacken. In einem Topf das Schmalz erhitzen, die Zwiebeln hineingeben und anschwitzen. Die Fleischstücke zugeben und 10 Minuten schmoren. Dabei gelegentlich wenden. Kümmel, Majoran, Paprika, Salz, Pfefferkörner und die gehackten Knoblauchzehen zufügen und die Fleischbrühe angießen. Erhitzen und 25 Minuten köcheln lassen. Inzwischen die Tomaten überbrühen, häuten und in Würfel schneiden. Die Paprika- und die Pfefferschote putzen, waschen und zerkleinern. Die Kartoffeln schälen, waschen und in Würfel schneiden. Das Gemüse in die Suppe geben und alles weitere 15 Minuten garen. Das Fleisch herausnehmen, von den Knochen lösen, in mundgerechte Stücke schneiden und wieder zur Suppe geben. Eiskalte Butter einrühren.

Beilagen:

Roggenbrotscheiben oder Roggenbrötchen

KANINCHEN-SAUERKRAUT-TOPF

Zutaten:

500 g Kaninchenfleisch
ohne Knochen
Salz
frisch gemahlener
schwarzer Pfeffer
2 Schalotten
125 g durchwachsener Speck

20 g Butterschmalz
500 g Sauerkraut
$^1/_4$ l trockener Weißwein
reichlich $^1/_2$ l Fleischbrühe
500 g Kartoffeln
4 EL Schlagsahne

Zubereitung:

Das Kaninchenfleisch waschen, trockentupfen, in mundgerechte Stücke schneiden und mit Salz und Pfeffer würzen. Die Schalotten schälen und in feine Scheiben schneiden. Den Speck in kleine Würfel schneiden. In einer Pfanne das Butterschmalz erhitzen und die Speckwürfel darin kross braten. Das Fleisch hineingeben und ringsum anbraten. Vom Herd nehmen. Das Sauerkraut mit dem Weißwein und den Schalotten zum Kochen bringen, Fleisch- und Speckwürfel hineingeben und alles 30 Minuten garen. Inzwischen die Kartoffeln schälen, waschen und in Stücke schneiden. Mit der Fleischbrühe zum Kraut geben und 15 Minuten mitgaren. Schlagsahne einrühren. Mit Salz und Pfeffer abschmecken.

Beilagen:

Sauerkrautbrot (Rezept S. 173), Speckbrötchen (Rezept S. 176), Baguette oder Roggenbrotscheiben

KANINCHENSUPPE MIT PREISELBEEREN

Zutaten:

1 küchenfertiges Kaninchen (etwa 1,5 kg)
2–3 EL scharfer Senf
Salz
frisch gemahlener schwarzer Pfeffer
50 g Butterschmalz
2 EL Mehl
6 EL Preiselbeermarmelade
$1^{1}/_{4}$ l Fleischbrühe

Zubereitung:

Das Kaninchen waschen, trockentupfen, in 8 Stücke teilen, mit Senf einreiben und mit Salz und Pfeffer würzen. In einer Kasserolle das Butterschmalz erhitzen, das Fleisch hineingeben und ringsum anbraten. Das Mehl darüber stäuben, die Preiselbeermarmelade einrühren und die Fleischbrühe angießen. Zugedeckt eine Stunde köcheln lassen. Die Fleischstücke herausnehmen und die Knochen entfernen. Das Fleisch in mundgerechte Stücke schneiden und wieder zur Suppe geben. Den Rotwein zufügen und mit Salz und Pfeffer abschmecken.

Beilagen:

Speckbrötchen (Rezept S. 176), Kräuterhörnchen (Rezept S. 177), Baguette oder Kräuterbrot (Rezept S. 172)

KANINCHENSUPPE
MIT CHAMPIGNONS AUF ANDERE ART

Zutaten:

250 g Kaninchenfleisch ohne Knochen
200 g Champignons
30 g Butter
1 EL gehackte Petersilie
Salz
frisch gemahlener schwarzer Pfeffer
1 l Fleischbrühe
2 Eigelb
100 ml Schlagsahne

Zubereitung:

Das Kaninchenfleisch durch den Fleischwolf drehen. Die Champignons säubern und klein schneiden. In einer Pfanne die Butter erhitzen, die Champignons hineingeben und 10 Minuten braten. Mit Salz und Pfeffer würzen. Zuletzt die gehackte Petersilie dazugeben. Warm stellen. In einem Topf die Brühe erhitzen, das durchgedrehte Fleisch hineingeben, verrühren und kurz aufkochen lassen. Mit Salz und Pfeffer würzen. Vom Herd nehmen. Eigelb und Sahne einrühren. Die Suppe auf vorgewärmte Teller füllen und in die Mitte jeweils Champignons geben.

Beilage:
Getoastete, gebutterte Toastbrotscheiben

KANINCHENSUPPE MIT TOMATEN

Zutaten:

1 küchenfertiges Kaninchen
(etwa 1,5 kg)
Salz
frisch gemahlener
schwarzer Pfeffer
2 Zwiebeln
30 g Butterschmalz
$1^1/_2$ l Fleischbrühe

3 Möhren
100 g Sellerieknolle
8 Tomaten
6 Wacholderbeeren
1 Messerspitze abgeriebene
Muskatnuss
4 EL Sherry
100 ml Schlagsahne

Zubereitung:

Das Kaninchen waschen, trockentupfen, in portionsgerechte Stücke teilen und mit Salz und Pfeffer einreiben. Die Zwiebeln schälen und fein hacken. In einem Topf das Butterschmalz erhitzen, die Fleischstücke und die Zwiebeln hineingeben und kräftig anbraten. Fleischbrühe zugießen. Alles zum Kochen bringen und eine Stunde bei mäßiger Hitze köcheln lassen. Das Fleisch herausnehmen und die Knochen entfernen. Das Fleisch in mundgerechte Stücke schneiden. Die Möhren und den Sellerie putzen, waschen und fein reiben. Die Tomaten häuten und in kleine Würfel schneiden. Möhren, Sellerie, Tomaten und zerdrückte Wacholderbeeren in die Suppe geben, erhitzen und 10 Minuten köcheln lassen. Durch ein Sieb streichen und mit Salz, Pfeffer und Muskat würzen. Sherry und Sahne einrühren. Die Fleischstücke hineingeben. Alles noch einmal erhitzen, aber nicht mehr aufkochen lassen.

Beilagen:

Getoastete, gebutterte Toast- oder Kräuterbrotscheiben
(Rezept S. 172)

FLEISCHBRÜHE

Zutaten:

750 g Kaninchenknochen
1 Zwiebel, 1 Möhre
1 Petersilienwurzel
1 Stück Sellerieknolle
3 EL Sonnenblumenöl
2 Lorbeerblätter
1 Gewürznelke
8 Gewürzkörner

6 Pfefferkörner, Salz
$1/4$ l Weißwein (Riesling)
300 g Kaninchenfleisch ohne Knochen
4 Möhren
3 Eiweiß
frisch gemahlener weißer Pfeffer

Zubereitung:

Die Knochen abspülen und abtropfen lassen. Die Zwiebel schälen und grob zerkleinern. Möhre, Petersilienwurzel und Sellerieknolle putzen, waschen und ebenfalls zerkleinern. In einem Topf das Öl erhitzen, die Knochen hineingeben und kurz anbraten. Das Gemüse, Lorbeerblätter, die Gewürznelke und die zerdrückten Gewürz- und Pfefferkörner zufügen. $1^{1}/_{2}$ Liter Wasser, den Weißwein und Salz zugeben, erhitzen und danach eine Stunde bei mäßiger Hitze köcheln lassen. Vom Herd nehmen, passieren und auskühlen lassen. Das Fleisch durch den Fleischwolf drehen. Die Möhren putzen, waschen und fein reiben. Fleisch und Möhren mit dem Eiweiß vermischen, salzen und in den ausgekühlten Fond einrühren. Unter Rühren zum Kochen bringen, fünf Minuten sprudelnd kochen lassen, dann bei geringer Hitze 30 Minuten ziehen lassen. Durch ein feines Baumwolltuch passieren. Die Brühe erhitzen und etwas einkochen. Mit Salz und Pfeffer abschmecken.

Beilagen:

Alle Arten von Brot

KANINCHENBRATEN MIT SENFSAUCE

Zutaten:

1 küchenfertiges Kaninchen (etwa 2 kg)
Salz, frisch gemahlener schwarzer Pfeffer
2 EL Mehl
2 Schalotten
2 Möhren
1 Stück Sellerie (50 g)

50 g Butterschmalz
$^1/_4$ l Fleischbrühe
$^1/_8$ l Weißwein (Riesling)
1 Lorbeerblatt
8 Wacholderbeeren
1 Nelke
2 EL scharfer Senf
4 EL Schlagsahne

Zubereitung:

Das Kaninchen waschen, trockentupfen, in portionsgerechte Stücke teilen, mit Salz und Pfeffer würzen und in Mehl wälzen. Die Schalotten schälen und in Viertel teilen. Die Möhren und den Sellerie putzen und klein schneiden. In einem Bräter das Butterschmalz erhitzen, das Fleisch hineingeben und ringsum anbraten. Schalotten, Möhren und Sellerie zugeben und einige Minuten mitbraten. Fleischbrühe und Weißwein zugießen, Lorbeerblatt, zerdrückte Wacholderbeeren und die Nelke zufügen. Zugedeckt 50 Minuten köcheln lassen. Das Fleisch herausnehmen, auf einer Platte anrichten und warm stellen. Die Sauce passieren und etwas einkochen. Senf und Sahne einrühren und über das Fleisch geben.

Beilage:
Butterreis (Rezept S. 166)

KANINCHEN MIT HACKFLEISCHFÜLLUNG

Zutaten:

1 küchenfertiges Kaninchen
(etwa 1,8 kg)
Salz
frisch gemahlener
weißer Pfeffer
1 Lorbeerblatt
8 Wacholderbeeren
2 Flaschen trockener Weißwein

Für die Füllung:
1 Brötchen
1 Zwiebel
500 g Gehacktes
(halb Rind, halb Schwein)
200 g durchwachsener Speck,
in Streifen geschnitten
50 g Butterschmalz
1 EL Stärkemehl
2 EL Sahne

Zubereitung:

Das Kaninchen waschen und trockentupfen. Je einen halben Teelöffel Salz und Pfeffer, das Lorbeerblatt und die zerdrückten Wacholderbeeren in eine Schüssel geben, den Weißwein zugießen und das Kaninchen hineinlegen. Zugedeckt über Nacht durchziehen lassen. Das Brötchen in Wasser einweichen, die Zwiebel schälen und in kleine Würfel schneiden. Das Gehackte in eine Schüssel geben und mit dem ausgedrückten Brötchen, Zwiebelwürfeln, Salz und Pfeffer vermengen. Das Kaninchen aus der Marinade nehmen, trockentupfen und mit der Fleischmasse füllen. Speckstreifen auflegen. In einem Bräter das Butterschmalz erhitzen, das Kaninchen darin anbraten.

KANINCHEN MIT HACKFLEISCHFÜLLUNG

Durch ein Sieb etwas Marinade angießen. Im vorgeheizten Backofen bei 200 Grad etwa eine Stunde garen, dabei ab und zu Marinade angießen. Das Fleisch herausnehmen und warm stellen. Die Speckstreifen entfernen. Das Stärkemehl in wenig kaltem Wasser anrühren und die Sauce damit binden. Die Sahne einrühren.

Tip:
Soll der Kaninchenbraten besonders glanzvoll sein, vermischt man zwei Esslöffel Bratensaft mit der gleichen Menge Kognak oder Weinbrand, pinselt damit das Fleisch ein und lässt es im Backofen bei 220 Grad 1–2 Minuten trocknen.

Beilagen:
Salzkartoffeln und Grünkohl (Rezept S. 167) oder Kartoffelklöße (Rezepte S. 147–152) und Rotkohl (Rezept S. 80)

KANINCHEN MIT PILZFÜLLUNG

Zutaten:

1 küchenfertiges Kaninchen (etwa 2 kg)
Salz
frisch gemahlener schwarzer Pfeffer
250 g Pfifferlinge (Konserve)
125 g durchwachsener Speck
2 Schalotten
70 g Butterschmalz
250 g gegarter Reis
2 EL gehackte Petersilie
2 Möhren
1 Zwiebel
2 Stangen Lauch
$1/_8$ l Fleischbrühe
$1/_8$ l Rotwein
2 EL Johannisbeergelee

Zubereitung:

Das Kaninchen waschen und trockentupfen. Den Bauch für die Füllung aufschneiden. Das Fleisch mit Salz und Pfeffer einreiben. Die Pfifferlinge und den Speck klein schneiden. Die Schalotten schälen und in kleine Würfel schneiden. In einer Pfanne 20 Gramm Butterschmalz erhitzen, den Speck und die Zwiebeln darin goldgelb rösten. Dann die Pilze zufügen und 5 Minuten mitbraten. Mit dem Reis und der Petersilie vermischen. Mit dieser Pilz-Reis-Mischung das Kaninchen füllen. Die Öffnung mit Küchengarn zunähen. Die Möhren putzen und waschen. Die Zwiebel schälen und grob zerkleinern. Den Lauch waschen und in Ringe schneiden. In einem Bräter das

KANINCHEN MIT PILZFÜLLUNG

restliche Butterschmalz erhitzen, das Fleisch hingeben und ringsum anbraten. Möhren, Zwiebel und Lauch zufügen und 5 Minuten mitbraten. Fleischbrühe und Rotwein zugießen. Zugedeckt 40 Minuten garen. Das Fleisch herausnehmen und warm stellen. Die Sauce passieren, Johannisbeergelee einrühren und kurz erhitzen. Mit Salz und Pfeffer abschmecken. Das Fleisch auf einer vorgewärmten Platte anrichten und die Sauce angießen.

Beilage:
Knackiger Kopfsalat (Rezept S. 168)

KANINCHEN MIT REISFÜLLUNG

Zutaten:

20 g getrocknete Steinpilze
125 g Langkornreis
¼ l Fleischbrühe
100 g durchwachsener Speck
200 g Bratwurstfleisch
3 Schalotten
2 Knoblauchzehen
2 EL Sonnenblumenöl
2 EL gehackte Petersilie
frisch gemahlener
schwarzer Pfeffer

Salz
1 küchenfertiges Kaninchen
(etwa 2 kg)
1 Möhre
50 g Sellerieknolle
1 Petersilienwurzel
2 Zwiebeln
40 g Butterschmalz
¼ l Fleischbrühe
⅛ l Rotwein
3–4 EL Preiselbeermarmelade

Zubereitung:

Die Pilze in wenig Wasser einweichen. Den gewaschenen Reis mit der Brühe in einen Topf geben, aufkochen lassen und bei geringer Hitze 10 Minuten köcheln lassen. Den Speck und das Bratwurstfleisch in kleine Würfel schneiden. Die Schalotten und Knoblauchzehen schälen und fein hacken. In einer Pfanne das Öl erhitzen, die Speckwürfel darin kross ausbraten. Schalotten zugeben und hellgelb braten. Das Speckgemisch mit dem Knoblauch, der Petersilie, Salz, Pfeffer, dem Bratwurstfleisch und den zerkleinerten Pilzen mit dem Einweichwasser zum Reis geben. Gut vermischen. Das Kaninchen waschen, trockentupfen, innen und außen mit Salz und Pfeffer

KANINCHEN MIT REISFÜLLUNG

einreiben und mit dem Reis füllen. Die Öffnung mit Küchengarn zunähen. Die Möhre, die Sellerieknolle und die Petersilienwurzel putzen, waschen und zerkleinern. Die Zwiebeln schälen und halbieren. In einem Bräter das Butterschmalz erhitzen, das gefüllte Kaninchen hineinlegen und rundum anbraten. Ringsum das zerkleinerte Gemüse – Möhre, Sellerieknolle, Petersilienwurzel und Zwiebeln – anordnen. Fleischbrühe und Rotwein angießen. Im vorgeheizten Backofen bei 200 Grad etwa 50 Minuten garen. Das Kaninchen herausnehmen und auf einer vorgewärmten Platte anrichten. Warm stellen. Die Sauce passieren und mit Preiselbeermarmelade verfeinern.

Beilagen:
Rote Zwiebeln (Rezept S. 169) oder
glasierte Schalotten (Rezept S. 171)

Pikantes Kaninchen

Zutaten:

1 küchenfertiges Kaninchen (etwa 1,8 kg)
100 g Schweineleber
100 g Kaninchenleber
100 g gehäutete Entenbrust
150 g Gehacktes vom Schwein
200 g gegarte Mischpilze
3 Schalotten
100 g Semmelbrösel
Salz
frisch gemahlener schwarzer Pfeffer
50 g Butterschmalz
8 dünne Scheiben durchwachsener Speck
1 EL Mehl

Für die Marinade:

2 Flaschen trockener Weißwein
6 Wacholderbeeren
1 TL Salz
1 EL gemahlener weißer Pfeffer
2 Lorbeerblätter

Zubereitung:

Weißwein, zerdrückte Wacholderbeeren, Salz, Pfeffer und Lorbeerblätter in eine Schüssel geben. Das Kaninchen waschen und über Nacht in die Marinade legen. Schweine- und Kaninchenleber durch den Fleischwolf drehen, die Entenbrust in kleine Würfel schneiden. Mit dem Gehackten vermischen. Die Pilze klein schneiden, die Schalotten schälen und fein hacken und mit den Semmelbröseln, Salz und Pfeffer zum Fleisch geben. Alles gut vermischen. Das marinierte Kaninchen trockentupfen und mit der Fleischmasse füllen. In einem Bräter das Butterschmalz erhitzen, das Kaninchen hineinlegen, anbraten und mit Speckscheiben bedecken. Die Marinade

PIKANTES KANINCHEN

durch ein Sieb gießen, ½ Liter von der Marinade zum Kaninchen geben, erhitzen und danach etwa eine Stunde bei mäßiger Hitze köcheln lassen. Ab und zu etwas Marinade zugießen. Das Fleisch herausnehmen und auf einer vorgewärmten Platte anrichten. Das Mehl in wenig Wasser verrühren, die Sauce damit binden. Mit Salz und Pfeffer abschmecken.

Beilagen:
Thüringer Klöße (Rezept S. 147), Watteklöße (Rezept S. 148) oder Kartoffelpuffer (Rezept S. 156)

KANINCHENBRATEN MIT SCHALOTTEN

Zutaten:

1 küchenfertiges Kaninchen (etwa 1,8 kg)
Salz
frisch gemahlener schwarzer Pfeffer
100 ml Olivenöl
8 Schalotten
6 Wacholderbeeren
2 Lorbeerblätter
$1/4$ l trockener Weißwein
$1/4$ l Fleischbrühe
30 g eiskalte Butter

Zubereitung:

Das Kaninchen waschen, trockentupfen, in 8 Stücke teilen, mit Salz und Pfeffer einreiben und in einen Bräter legen. Das Fleisch mit Olivenöl begießen und im vorgeheizten Backofen bei 200 Grad 35 Minuten garen. Dann die geschälten und halbierten Schalotten mit den zerdrückten Wacholderbeeren und den Lorbeerblättern dazugeben, Weißwein und Fleischbrühe angießen. Den Braten mit den Schalotten noch etwa 25 Minuten schmoren. Hin und wieder mit der Weinsauce begießen. Das Fleisch herausnehmen, auf einer vorgewärmten Platte anrichten und warm stellen. Die Sauce passieren, etwas einkochen, mit Salz und Pfeffer abschmecken und die eiskalte Butter einrühren. Mit dem Braten zu Tisch bringen.

Beilagen:

Kartoffelklöße (Rezepte S. 148–152) oder
Thüringer Klöße (Rezept S. 147)

KANINCHENBRATEN MIT OLIVEN

Zutaten:

1 küchenfertiges Kaninchen (etwa 1,8 kg)
Salz
frisch gemahlener schwarzer Pfeffer
3 Knoblauchzehen
100 ml Olivenöl
2 Lorbeerblätter
1 TL Thymian
knapp $1/2$ l trockener Weißwein
200 g grüne Oliven
4 EL Schlagsahne
20 g eiskalte Butter

Zubereitung:

Das Kaninchen waschen, trockentupfen, in 8 Stücke teilen, mit Salz und Pfeffer einreiben. Die Knoblauchzehen schälen und fein hacken. Das Fleisch in einen Bräter legen, mit Olivenöl begießen und ringsum anbraten. Lorbeerblätter, Thymian und Knoblauch zugeben. Den Weißwein angießen und im vorgeheizten Backofen bei 200 Grad 50 Minuten schmoren. Das Fleisch hin und wieder mit der Sauce begießen. Die Oliven entsteinen, zum Fleisch geben und 10 Minuten mitköcheln lassen. Das Fleisch herausnehmen und auf einer vorgewärmten Platte anrichten. Warm stellen. Die Sauce abschmecken, Sahne und die eiskalte Butter einrühren.

Beilagen:

Butterreis (Rezept S. 166) oder Pilznudeln (Rezept S. 163)

KANINCHENBRATEN IN ROTWEIN

Zutaten:

1 küchenfertiges Kaninchen (etwa 1,8 kg)
1 Bund Wurzelwerk (Möhre, Sellerie, Petersilienwurzel)
1 Zwiebel
je 6 Wacholderbeeren und Pfefferkörner
1 TL Thymian
1 Gewürznelke
½ Lorbeerblatt

½ l Rotwein
⅛ l Weinessig
125 g Räucherspeck
4 Schalotten
30 g Butterschmalz
2 EL Mehl
100 ml Schlagsahne
Salz
frisch gemahlener schwarzer Pfeffer

Zubereitung:

Das Kaninchen waschen, trockentupfen und in eine Schüssel legen. Das Wurzelwerk und die Zwiebel putzen, waschen und grob zerkleinern. Mit zerdrückten Wacholderbeeren, Pfefferkörnern, Thymian, Gewürznelke und Lorbeerblatt in einen Topf geben. 1 Liter Wasser zugießen, alles zum Kochen bringen und 10 Minuten bei geringer Hitze köcheln lassen. Mit Rotwein und Essig auffüllen, aufwallen und danach auskühlen lassen und über das Kaninchen gießen. Zugedeckt 2 Tage ziehen lassen. Mehrmals wenden. Am Brattag das Kaninchen aus der Beize nehmen, trockentupfen und in Stücke teilen. Die Beize durch ein Sieb gießen und beiseite stellen. Den

KANINCHENBRATEN IN ROTWEIN

Speck in kleine Würfel schneiden, die Schalotten schälen und in Viertel schneiden. In einem Topf das Butterschmalz zerlassen, die Kaninchenstücke hineingeben und ringsum anbraten. Speck und Schalotten zufügen, das Mehl darüber stäuben und $1/4$ Liter Rotweinbeize angießen. Zugedeckt etwa 45 Minuten garen. Wenn nötig noch etwas Rotweinbeize zugeben. Die Fleischstücke herausnehmen und auf einer vorgewärmten Platte anrichten. Die Sauce passieren, mit der Sahne verfeinern und mit Salz und Pfeffer abschmecken.

Tip:

Eine aromatische Ergänzung sind karamelisierte Birnenhälften. Dafür braucht man acht reife Birnenhälften, Saft von einer Zitrone zum Beträufeln und 2 Esslöffel Puderzucker zum Bestäuben. Zuletzt gibt man noch einige Butterflöckchen auf die Birnenhälften und grillt sie einige Minuten.

Beilagen:

Kartoffelklöße (Rezepte S. 147–152), Pfannenkartoffeln (Rezept S. 155) oder Pilznudeln (Rezept S. 163)

KANINCHENBRATEN IN BUTTERMILCH

Zutaten:

1 küchenfertiges Kaninchen (etwa 1,8 kg)
3 Zwiebeln
3 Knoblauchzehen
30 g Butterschmalz
1 Salbeizweig

Salz
frisch gemahlener schwarzer Pfeffer
2 EL Mehl
$1/2$ l Buttermilch

Zubereitung:

Das Kaninchen waschen, trockentupfen und in Stücke teilen. Die Zwiebeln und die Knoblauchzehen schälen und klein hacken. In einem Topf das Butterschmalz erhitzen, das Fleisch hineingeben und ringsum anbraten. Zwiebeln, Knoblauch, Salbei, Salz und Pfeffer zufügen und alles mit Mehl bestäuben. Die Buttermilch angießen, zum Kochen bringen und etwa eine Stunde köcheln lassen. Das Fleisch herausnehmen und auf einer vorgewärmten Platte anrichten. Die Sauce passieren und abschmecken.

Beilage:

Kartoffelklöße (Rezepte S. 147–152)

KANINCHENBRATEN IN BIERSAUCE

Zutaten:

1 küchenfertiges Kaninchen (etwa 1,7 kg)
Salz
frisch gemahlener schwarzer Pfeffer
4 Zwiebeln
20 g Butter
2 EL Zucker
40 g Butterschmalz
$1/2$ TL Thymian
$1/2$ l Pilsner
3 EL gewaschene Rosinen

Zubereitung:

Das Kaninchen waschen, trockentupfen, in Stücke teilen und mit Salz und Pfeffer einreiben. Die Zwiebeln schälen und in Scheiben schneiden. In einer Pfanne die Butter erhitzen, Zucker zugeben und karamelisieren, die Zwiebeln zufügen und 5 Minuten braten. Vom Herd nehmen. In einem Bräter das Butterschmalz erhitzen, das Fleisch hineingeben und ringsum anbraten. Die karamelisierten Zwiebeln, Thymian und $1/8$ Liter Pils zugeben. Zugedeckt eine Stunde köcheln lassen. Ab und zu etwas von dem restlichen Bier angießen. Kurz vor Ende der Garzeit die Rosinen zugeben und etwa 5 Minuten mitköcheln lassen. Das Fleisch herausnehmen und die Sauce mit Salz und Pfeffer abschmecken.

Beilagen:

Kartoffelklöße (Rezepte S. 147–152), karamelisierte Kartoffeln (Rezept S. 158) oder Kartoffelpuffer (Rezept S. 156)

GESPICKTES KANINCHEN

Zutaten:

1 küchenfertiges Kaninchen (etwa 2 kg)	2 Zwiebeln
	4 Möhren
Salz	50 g Sellerieknolle
frisch gemahlener	50 g Butterschmalz
schwarzer Pfeffer	$^1/_2$ l Fleischbrühe
125 g Räucherspeck	50 g Schwarzbrot
10 Knoblauchzehen	1 EL eiskalte Butter

Zubereitung:

Das Kaninchen waschen, trockentupfen und mit Salz und Pfeffer einreiben. Den Speck in Streifen schneiden. Die Knoblauchzehen schälen und in Stifte schneiden. Das Kaninchen mit dem Speck und dem Knoblauch spicken. Die Zwiebeln schälen und fein hacken. Die Möhren und den Sellerie putzen und fein schneiden. In einem Bräter das Butterschmalz erhitzen, das Kaninchen hineingeben und ringsum anbraten. Das Gemüse zufügen und einige Minuten mitbraten. Die Fleischbrühe angießen. Erhitzen und zugedeckt etwa eine Stunde köcheln lassen. Das Fleisch herausnehmen und auf einer vorgewärmten Platte anrichten. Die Sauce passieren, das Schwarzbrot zerbröseln, in den Topf geben und 2–3 Minuten köcheln lassen. Zuletzt die eiskalte Butter einrühren.

Beilagen:

Kartoffelklöße (Rezepte S. 147–152) oder Kartoffelbrei (Rezept S. 160) und Zwiebelgemüse (Rezept S. 170)

KANINCHENBRATEN MIT TOMATEN

Zutaten:

1 küchenfertiges Kaninchen (etwa 2 kg)
Salz
frisch gemahlener schwarzer Pfeffer
125 g durchwachsener Speck
8 Schalotten
3 Knoblauchzehen
200 g frische Champignons
1 EL Butterschmalz
1 rote Paprikaschote
500 g Tomaten
$^1/_8$ l Weißwein (Riesling)
1 EL gehackte Petersilie

Zubereitung:

Das Kaninchen waschen, trockentupfen, mit Salz und Pfeffer würzen und in Stücke teilen. Den Speck in kleine Würfel schneiden. Die Schalotten und Knoblauchzehen schälen. Den Knoblauch fein hacken, die Schalotten halbieren. Die gesäuberten Champignons klein schneiden. In einer Kasserolle das Butterschmalz erhitzen, die Speckwürfel darin rösten, das Fleisch hineingeben und ringsum anbraten. Das Fleisch herausnehmen und beiseite stellen. In die Kasserolle die Champignons, die Knoblauchzehen und die Schalotten füllen und 10 Minuten schmoren lassen. Inzwischen die Paprikaschote waschen, putzen und in feine Streifen schneiden. Die Tomaten überbrühen, häuten und in Scheiben schneiden. Paprika und Tomaten zu den Champignons geben und alles noch 10 Minuten köcheln lassen. Jetzt das Fleisch wieder hineinlegen und den Weißwein angießen. Zugedeckt eine Stunde garen. Mit Petersilie bestreut servieren.

Beilagen:

Kräuterbrot (Rezept S. 172), Butterreis (Rezept S. 166), Spätzle (Rezept S. 161), Roggennudeln (Rezept S. 164) oder Pilznudeln (Rezept S. 163)

KANINCHENBRATEN AUF LINSEN

Zutaten:

1 küchenfertiges Kaninchen (etwa 1,8 kg)
1½ l Buttermilch
Salz
frisch gemahlener schwarzer Pfeffer
2 EL Mehl
50 g Butterschmalz
2 Zwiebeln
4 Knoblauchzehen
1 Lorbeerblatt
1 Zweig Thymian

je 5 Wacholderbeeren und Pfefferkörner
3 EL gehackte Petersilie
$1/8$ l Rotwein
$1/2$ l Fleischbrühe
2 Tomaten
4 Schalotten
50 g Butter
1 EL Tomatenmark
500 g rote Linsen
2–3 EL Weinessig

Zubereitung:

Das Kaninchen in 6 bis 8 Stücke teilen, waschen, abtropfen lassen und zwei Stunden in Buttermilch einlegen. Herausnehmen, trockentupfen, mit Salz und Pfeffer würzen und in Mehl wälzen. In einem Bräter das Butterschmalz erhitzen, die Kaninchenstücke hineingeben und ringsum anbraten. Die Zwiebeln und die Knoblauchzehen schälen und fein hacken. Zwiebeln, Knoblauch, Lorbeerblatt, Thymianzweig, zerdrückte Wacholderbeeren und Pfefferkörner und 2 Esslöffel gehackte Petersilie zum Fleisch geben und durchschwitzen lassen. Den Rotwein und $1/8$ Liter Brühe angießen. Erhitzen und bei mäßiger Hitze etwa eine Stunde köcheln lassen. Das

KANINCHENBRATEN AUF LINSEN

Fleisch herausnehmen und warm stellen. Den Fond durch ein Sieb gießen. Die Tomaten überbrühen, häuten und in Würfel schneiden. Die Schalotten schälen und fein hacken. In einem Topf die Butter erhitzen, Tomaten- und Schalottenwürfel hineingeben und 5 Minuten dünsten. Tomatenmark und Linsen zugeben. Die restliche Fleischbrühe zugießen. Mit Salz, Pfeffer und Essig würzen. Alles erhitzen und 20 Minuten köcheln lassen. Das Fleisch obenauf legen. Zugedeckt 10 Minuten bei geringer Hitze ziehen lassen.

Beilage:
Petersilienkartoffeln (Rezept S. 157)

KANINCHENBRATEN AUF ROSENKOHL

Zutaten:

1 küchenfertiges Kaninchen
(etwa 1,7 kg)
1½ l Buttermilch
Salz
frisch gemahlener
schwarzer Pfeffer
50 g Butterschmalz
¼ l Fleischbrühe
⅛ l Weißwein (Riesling)
500 g Rosenkohl

3 Schalotten
500 g Champignons
30 g Butter
¼ l Schlagsahne
je 2 EL gehackte Petersilie,
Dill und
Schnittlauch
1 EL Zitronensaft
½ Glas Rotwein
Außerdem: 1 EL eiskalte Butter

Zubereitung:

Das Fleisch waschen, in Stücke teilen und zwei Stunden in Buttermilch einlegen. Herausnehmen, trockentupfen, mit Salz und Pfeffer einreiben. In einem Bräter das Butterschmalz erhitzen, die Fleischstücke hineingeben und ringsum anbraten. Fleischbrühe und Weißwein zugießen, erhitzen und etwa 1 Stunde köcheln lassen. Den Rosenkohl putzen, waschen und in wenig Salzwasser 10 Minuten garen, salzen und warm stellen. Die Schalotten schälen und fein hacken. Die Champignons säubern und in Scheiben schneiden. In einem Topf die Butter erhitzen, die Schalotten hineingeben und kurz andünsten. Die Champignons dazugeben, mit Salz und Pfeffer würzen

KANINCHENBRATEN AUF ROSENKOHL

und 10 Minuten dünsten. Dabei hin und wieder umrühren. Die Champignons herausnehmen und warm stellen. Den Bratensatz mit der Sahne verrühren und die Kräuter zugeben. Kurz aufkochen lassen. Mit Salz, Pfeffer und Zitronensaft abschmecken. Das Fleisch aus dem Bratensatz nehmen und auf einer vorgewärmten Platte anrichten. Warm stellen. Den Bratensatz mit Rotwein ablöschen und etwas einkochen. Eiskalte Butter einrühren. Die Sauce über das Fleisch gießen. Die Champignons und den Rosenkohl mit der Kräutersauce auf vorgewärmten Tellern anrichten.

Beilagen:
Gebuttertes, getoastetes Kräuterbrot (Rezept S. 172), Petersilienkartoffeln (Rezept S. 157) oder karamelisierte Kartoffeln (Rezept S. 158)

KANINCHEN MIT PAPRIKAGEMÜSE

Zutaten:

1 küchenfertiges Kaninchen
(etwa 1,8 kg)
Salz, frisch gemahlener
schwarzer Pfeffer
1 Zwiebel
3 Knoblauchzehen
100 g Butterschmalz
1 Lorbeerblatt

6 Wacholderbeeren
$^1/_2$ TL Rosmarinnadeln
1 EL Mehl
4 EL Weinessig
$^1/_8$ l Fleischbrühe
100 ml Weißwein (Riesling)
je 2 rote, grüne,
gelbe Paprikaschoten

Zubereitung:

Das Kaninchen waschen und trockentupfen. Das Fleisch von den Knochen lösen, in mundgerechte Stücke teilen und mit Salz und Pfeffer würzen. Die Zwiebel und die Knoblauchzehen schälen und fein hacken. In einer Kasserolle die Hälfte des Butterschmalzes erhitzen, die Fleischstücke hineingeben und ringsum anbraten. Zwiebel zugeben und 3 Minuten mitrösten. Knoblauch, Lorbeerblatt, zerdrückte Wacholderbeeren und Rosmarinnadeln zufügen, das Mehl darüber stäuben und danach Essig, Fleischbrühe und Weißwein angießen. Zugedeckt 35 Minuten köcheln lassen. Dabei hin und wieder umrühren. Die Paprikaschoten waschen, putzen und zerkleinern. In einem Topf das restliche Butterschmalz erhitzen, die zerkleinerten Paprika hineingeben, kurz anbraten, mit Salz und Pfeffer würzen, etwas Wasser angießen, bei milder Hitze 10 Minuten köcheln lassen, zum Fleisch geben und alles noch 10 Minuten köcheln lassen. Abschmecken.

Beilagen:

Petersilienkartoffeln (Rezept S. 157), Butterreis (Rezept S. 166) oder Zwiebelbrötchen (Rezept S. 174)

KANINCHEN IM KRAUTMANTEL

Zutaten:

1 Brötchen vom Vortag
500 g Kaninchenfleisch ohne Knochen
200 g durchwachsener Speck
2 Eier
Salz, frisch gemahlener schwarzer Pfeffer
1 Messerspitze abgeriebene Muskatnuss
1 Rotkohl
40 g Butterschmalz
$^1/_4$ l Fleischbrühe
100 ml Rotwein
2 EL Preiselbeermarmelade

Zubereitung:

Das Brötchen in etwas Wasser einweichen. Das Kaninchenfleisch und den Speck durch den Fleischwolf drehen und in eine Schüssel füllen. Das Brötchen ausdrücken und mit den Eiern, Salz, Pfeffer und Muskat zur Fleischmasse geben und gut vermengen. Den Rotkohl mit kochendem Wasser überbrühen. Die Kohlblätter ablösen und die Strünke entfernen. Jeweils 2 bis 3 Kohlblätter übereinanderlegen, ein Viertel der Fleischmasse darauf geben, das Kraut zu einer Roulade aufrollen und mit Küchengarn oder Rouladennadeln zusammenhalten. Mit Salz und Pfeffer würzen. In einem Bräter das Butterschmalz erhitzen, die vier Krautrouladen hineingeben, ringsum anbraten, Fleischbrühe und Rotwein angießen und zugedeckt 30 Minuten garen. Die Rouladen herausnehmen und auf einer vorgewärmten Platte anrichten. Warm stellen. Die Sauce mit Preiselbeermarmelade verfeinern.

Beilagen:

Petersilienkartoffeln (Rezept S. 157), Pfannenkartoffeln (Rezept S. 155) oder Kartoffelbrei (Rezept S. 160)

KANINCHEN MIT ROTKOHL

Zutaten:

Für den Braten:
1 küchenfertiges Kaninchen
(etwa 1,8 kg)
1 EL scharfer Senf
Salz
frisch gemahlener
schwarzer Pfeffer
100 g durchwachsener Speck
2 Zwiebeln
4 Möhren
50 g Sellerie
40 g Butterschmalz
¼ l Weißwein
⅛ l Weinessig
⅛ l Fleischbrühe
1 Zweig Thymian

6 Wacholderbeeren
2 Gewürznelken
1 kräftige Prise Zimt
1 EL eiskalte Butter

Für den Rotkohl:
1 Rotkohl (1 kg)
3 säuerliche Äpfel
2 kleine Zwiebeln
50 g Schweineschmalz
2 Gewürznelken
½ Lorbeerblatt
Salz
½ TL Zucker
3 EL Weinessig
⅛ l Rotwein

Zubereitung:

Das Kaninchen waschen, trockentupfen, in Stücke teilen, mit Senf bestreichen und mit Salz und Pfeffer würzen. Den Speck in kleine Würfel schneiden. Die Zwiebeln schälen und in Würfel schneiden. Die Möhren und den Sellerie putzen, waschen und klein schneiden. In einem Bräter das Butterschmalz erhitzen, die Speckwürfel hineingeben und darin knusprig braten. Die Kaninchenstücke in den Bräter legen und ringsum anbraten. Die Fleischstücke herausnehmen. Zwiebeln, Möhren und Sellerie in den Bräter geben und 10 Minuten schmoren lassen. Das Fleisch auf das Gemüse legen. Weißwein, Essig und Fleischbrühe angießen. Den Thymianzweig, zerdrückte

KANINCHEN MIT ROTKOHL

Wacholderbeeren, Gewürznelken und Zimt zufügen. Zugedeckt eine Stunde köcheln lassen. Inzwischen den Rotkohl zubereiten. Dafür die äußeren groben Krautblätter entfernen. Den Kohl in Viertel teilen, den Strunk herausschneiden, waschen und fein schneiden. Die Äpfel waschen, ungeschält in Spalten teilen, dabei das Kerngehäuse entfernen. Die Zwiebeln schälen und klein schneiden. In einem Topf das Schweineschmalz erhitzen. Rotkraut, Äpfel, Zwiebeln, Gewürznelken, Lorbeerblatt, Salz, Zucker, Essig, $1/8$ l Wasser und den Rotwein zugeben, zum Kochen bringen und anschließend eine reichliche Stunde köcheln lassen. Das gegarte Fleisch auf einer vorgewärmten Platte anrichten und warm stellen. Die Sauce passieren und die eiskalte Butter einrühren. Das Gemüse in eine vorgewärmte Schüssel füllen.

Beilage:
Kartoffelklöße (Rezepte S. 147–152)

KANINCHEN MIT ÄPFELN

Zutaten:

1 küchenfertiges Kaninchen (etwa 2 kg)
Salz
frisch gemahlener schwarzer Pfeffer
3 Zwiebeln
2 Knoblauchzehen
6 säuerliche Äpfel
30 g Butter
$1/8$ l Weißwein (Riesling)
50 g Butterschmalz
6 dünne Scheiben durchwachsener Speck
$1/4$ l Fleischbrühe
1 EL mittelscharfer Senf
2 EL Crème fraîche

Zubereitung:

Das Kaninchen waschen, trockentupfen, in 6 Stücke teilen und mit Salz und Pfeffer einreiben. Die Zwiebeln und die Knoblauchzehen schälen, die Zwiebeln in Viertel teilen, den Knoblauch fein hacken. Die Äpfel schälen und in Spalten schneiden, dabei das Kerngehäuse entfernen. In einem Topf die Butter erhitzen. Die Äpfel, Zwiebeln und den Knoblauch hineingeben, anbraten und mit Weißwein ablöschen. Vom Herd nehmen. In einem Bräter das Butterschmalz erhitzen, die Fleischstücke hineingeben, ringsum knusprig braten und mit Speckscheiben belegen. Die Äpfel mit dem Weißwein zugeben und die Fleischbrühe angießen. Zugedeckt eine Stunde köcheln lassen. Das Fleisch herausnehmen und warm stellen. Die Sauce passieren, mit Senf und Crème fraîche verrühren und mit Salz und Pfeffer abschmecken.

Beilagen:

Petersilienkartoffeln (Rezept S. 157), karamelisierte Kartoffeln (Rezept S. 158) oder Kartoffelbrei (Rezept S. 160)

KANINCHEN IN CURRYSAUCE

Zutaten:

1 küchenfertiges Kaninchen (etwa 1,8 kg)	2 Stangen Lauch
	50 g Sellerieknolle
1½ l Buttermilch	50 g Butterschmalz
Salz	¼ l Weißwein (Riesling)
frisch gemahlener	¼ l Fleischbrühe
schwarzer Pfeffer	1 großer Apfel
2 Zwiebeln	2 EL Curry
2 Möhren	1 TL Zucker

Zubereitung:

Das Kaninchen in 6 Stücke teilen, waschen und in eine Schüssel legen. Mit Buttermilch begießen und 2 Stunden ziehen lassen. Herausnehmen und trockentupfen. Mit Salz und Pfeffer einreiben. Die Zwiebeln schälen und in Würfel schneiden. Die Möhren putzen, waschen und in Scheiben schneiden, den Lauch putzen und in 1 cm dicke Ringe schneiden. Den Sellerie schälen, waschen und ebenfalls zerkleinern. In einem Bräter das Butterschmalz erhitzen, die Fleischstücke hineingeben und ringsum anbraten. Gemüse zugeben, Weißwein und Fleischbrühe angießen. Alles zum Kochen bringen und zugedeckt bei mäßiger Hitze eine Stunde köcheln lassen. Das Fleisch herausnehmen, warm stellen. Den Apfel schälen und reiben. Zusammen mit dem Curry zur Sauce geben. Alles durch ein Sieb passieren. Mit Salz, Pfeffer und Zucker abschmecken. Das Fleisch auf einer vorgewärmten Platte anrichten, die Sauce darüber gießen.

Beilagen:

Semmelklöße (Rezept S. 154) und Blattsalat (Rezept S. 168), Gemüsereis (Rezept S. 165) oder Roggennudeln (Rezept S. 164)

KANINCHEN MIT BACKPFLAUMEN

Zutaten:

500 g entsteinte Backpflaumen
1 küchenfertiges Kaninchen
(etwa 2 kg)
1–2 l Buttermilch
Salz
frisch gemahlener
schwarzer Pfeffer

1 Prise Zucker
50 g Butterschmalz
$^1/_4$ l Fleischbrühe
8 EL Weinessig
3 EL Armagnac
2 EL Johannisbeergelee

Zubereitung:

Die Pflaumen in eine Schüssel geben. So viel Wasser zugeben, bis sie bedeckt sind. Über Nacht stehen lassen. Das Fleisch waschen, trockentupfen und über Nacht in Buttermilch legen. Das Fleisch herausnehmen, trockentupfen, in sechs Stücke teilen und mit Salz, Pfeffer und Zucker einreiben. In einem Bräter das Butterschmalz erhitzen, das Fleisch hineingeben und ringsum anbraten. Brühe, Essig und Armagnac angießen. Zugedeckt 25 Minuten garen. Die Pflaumen auf einem Sieb abtropfen lassen und zum Fleisch geben. Weitere 20 Minuten garen. Zuletzt das Johannisbeergelee einrühren. Abschmecken.

Beilagen:

Kartoffelklöße (Rezepte S. 147–152),
Kartoffelpuffer (Rezept S. 156) oder Kräuterbrot (S. 172)

KANINCHEN MIT SAUERKIRSCHEN

Zutaten:

1 küchenfertiges Kaninchen (etwa 1,8 kg)
Salz, frisch gemahlener schwarzer Pfeffer
1 Petersilienwurzel
$1/2$ l Rotwein
1 Lorbeerblatt
1 Gewürznelke
2 EL Kognak oder Weinbrand
100 g durchwachsener Speck
2 Zwiebeln, 1 Möhre
1 EL Butterschmalz
50 g Sellerieknolle
2 EL Mehl
$1/2$ l Fleischbrühe
250 g entsteinte Sauerkirschen

Zubereitung:

Das Kaninchen waschen, trockentupfen, in Stücke teilen und mit Salz und Pfeffer einreiben. Die Petersilienwurzel putzen, waschen und zerkleinern. In eine Schüssel den Rotwein gießen. Lorbeerblatt, Gewürznelke und Petersilienwurzel und den Kognak oder Weinbrand zugeben. Die Fleischstücke hineinlegen. Nach 2 Tagen herausnehmen und trockentupfen. Den Speck in kleine Würfel schneiden. Die Zwiebeln schälen und in Scheiben schneiden. Die Möhre und die Sellerieknolle putzen, waschen und zerkleinern. In einem Bräter das Butterschmalz erhitzen, die Speckwürfel darin ausbraten, die Fleischstücke zufügen und ringsum anbraten. Zwiebeln, Möhre und Sellerieknolle zugeben. Mehl darüber stäuben und die Fleischbrühe und $1/8$ Liter von der durchgeseihten Marinade angießen. Alles erhitzen und zugedeckt 50 Minuten schmoren lassen. Die Fleischstücke herausnehmen und auf einer vorgewärmten Platte anrichten. Warm stellen. Die Sauce passieren, Sauerkirschen zugeben, kurz erhitzen und mit Salz und Pfeffer abschmecken.

Beilagen:

Semmelkloß (Rezept S. 154) oder Semmelknödel (Rezept S. 153)

KANINCHEN MIT PUMPERNICKEL

Zutaten:

1 küchenfertiges Kaninchen (etwa 1,7 kg)
Salz, frisch gemahlener schwarzer Pfeffer
125 g durchwachsener Speck
2 Zwiebeln
2 Knoblauchzehen
500 g Schweinekamm
50 g Butterschmalz
1 EL Mehl
200 g Pumpernickel
8 Wacholderbeeren
1 Lorbeerblatt
1 Gewürznelke
$1/4$ l Rotwein
$1/8$ l Fleischbrühe

Zubereitung:

Das Kaninchen waschen, trockentupfen, in Stücke teilen, mit Salz und Pfeffer einreiben. Den Speck in kleine Würfel schneiden. Die Zwiebeln und die Knoblauchzehen schälen und fein hacken. Den Schweinekamm waschen, trockentupfen und in mundgerechte Stücke schneiden. In einem Bräter das Butterschmalz erhitzen, die Speckwürfel hineingeben und kross braten. Das Kaninchenfleisch zugeben, ringsum anbraten, herausnehmen und beiseite stellen. Jetzt das Kammfleisch in den Bräter geben, ringsum anbraten, mit Salz und Pfeffer würzen. Die Zwiebeln zugeben und kurz mitbraten. Das Fleisch mit Mehl bestäuben. Das Kaninchenfleisch hineinlegen. Den Pumpernickel zerbröseln und mit den zerdrückten Wacholderbeeren, dem Lorbeerblatt, dem Knoblauch und der Gewürznelke zum Fleisch geben. Den Rotwein und die Fleischbrühe angießen. Alles erhitzen und etwa eine Stunde köcheln lassen.

Beilage:

Kartoffelklöße (Rezepte S. 147–152)

GEFÜLLTE KANINCHENKEULEN

Zutaten:

5 Kaninchenkeulen
250 g geräucherte Entenbrust
frisch gemahlener
schwarzer Pfeffer

Salz
3 EL gehackte Petersilie
5 EL Schlagsahne
50 g Butterschmalz

Zubereitung:

Die Kaninchenkeulen waschen und trockentupfen. Bei vier Kaninchenkeulen den Oberschenkelknochen frei schneiden, im Gelenk nach unten drücken und herausdrehen. Die restliche Kaninchenkeule vom Knochen befreien, das Fleisch durch den Fleischwolf drehen und in eine Schüssel füllen. Die Entenbrust häuten, in kleine Würfel schneiden und zum durchgedrehten Kaninchenfleisch geben. Salz, Pfeffer, Petersilie und Schlagsahne zufügen. Alles gut vermischen und die Keulen damit füllen. Dann die Keulen mit Salz und Pfeffer einreiben. In einem Bräter das Butterschmalz erhitzen, die Keulen darin ringsum anbraten und im vorgeheizten Backofen bei 180 Grad etwa 35 Minuten garen. Herausnehmen, in Scheiben schneiden und auf einer vorgewärmten Platte anrichten.

Beilagen:

Karamelisierte Kartoffeln (Rezept S. 158), Pfannenkartoffeln (Rezept S. 155), glasierte Schalotten (Rezept S. 171) oder rote Zwiebeln (Rezept S. 169)

KANINCHENKEULEN MIT RAHMSAUCE

Zutaten:

4 Kaninchenkeulen
Salz
frisch gemahlener
schwarzer Pfeffer
125 g Räucherspeck
1 Zwiebel
1 Knoblauchzehe
1 Möhre
1 Petersilienwurzel
30 g Sellerieknolle

50 g Butterschmalz
2 Lorbeerblätter
je ½ TL Majoran und Thymian
1 Messerspitze Ingwerpulver
½ l helles Bier
150 g Mischpilze
3 Schalotten
100 g gekochter Schinken
30 g Butter
⅛ l Schlagsahne

Zubereitung:

Die Kaninchenkeulen waschen, trockentupfen und mit Salz und Pfeffer einreiben. Den Speck in feine Streifen schneiden und das Fleisch damit spicken. Die Zwiebel und die Knoblauchzehe schälen und in Scheiben schneiden. Möhre, Petersilienwurzel und die Sellerieknolle putzen, waschen und zerkleinern. In einem Bräter das Butterschmalz erhitzen, die Kaninchenkeulen hineinlegen und ringsum anbraten. Das zerkleinerte Gemüse, die Lorbeerblätter, Majoran, Thymian und das Ingwerpulver zugeben und das Bier angießen. Alles erhitzen und 50 Minuten köcheln lassen. Die Keulen hin und wie-

KANINCHENKEULEN MIT RAHMSAUCE

der mit Bratensaft begießen. Für die Rahmsauce die Pilze putzen und klein schneiden. Die Schalotten schälen und fein hacken. Den Schinken in Würfel schneiden. In einem Topf die Butter erhitzen, die Pilze hineingeben und 8 Minuten dünsten. Schalotten und Schinkenwürfel zugeben und kurz mitdünsten. Vom Herd nehmen. Die gegarten Kaninchenkeulen auf einer vorgewärmten Platte anrichten. Die Sauce passieren, die Sahne und das Pilzgemisch einrühren. Mit Salz und Pfeffer abschmecken und mit den Keulen zu Tisch bringen.

Beilagen:
Kartoffelklöße (Rezepte S. 147–152),
Butterreis (Rezept S. 166), Petersilienkartoffeln (Rezept S. 157)
oder Pilznudeln (Rezept S. 163)

KANINCHENKEULEN MIT BIRNENHÄLFTEN

Zutaten:

4 Kaninchenkeulen
Salz
frisch gemahlener
schwarzer Pfeffer
6 Schalotten
30 g Butterschmalz

2 EL Mehl
¼ l Schlagsahne
2 bis 3 EL Kognak oder
Weinbrand
4 gedünstete Birnenhälften
4 EL Preiselbeerkompott

Zubereitung:

Die Keulen waschen und trockentupfen und mit Salz und Pfeffer einreiben. Die Schalotten schälen und in Würfel schneiden. In einem Topf das Butterschmalz erhitzen, die Keulen hineingeben und ringsum anbraten. Schalotten zugeben. Alles mit Mehl bestäuben und die Schlagsahne angießen. Zugedeckt etwa eine Stunde garen. Das Fleisch herausnehmen, auf einer vorgewärmten Platte anrichten und warm stellen. Die Sauce passieren und mit Kognak oder Weinbrand verfeinern. Jeden Teller mit einer Birnenhälfte, gefüllt mit Preiselbeerkompott, garnieren.

Beilage:
Kartoffelklöße (Rezepte S. 147–152)

KANINCHENKEULEN MIT PFLAUMEN UND INGWER

Zutaten:

4 Kaninchenkeulen
Salz, frisch gemahlener
schwarzer Pfeffer
500 g Pflaumen
4 Knoblauchzehen
1 Stück frische Ingwerwurzel
(etwa 20 g)

40 g Butterschmalz
knapp $^1/_2$ l Fleischbrühe
8 EL Pflaumenschnaps
1 Lorbeerblatt
4 EL Preiselbeermarmelade
1 EL eiskalte Butter

Zubereitung:

Die Kaninchenkeulen waschen, trockentupfen und mit Salz und Pfeffer einreiben. Die Pflaumen waschen, halbieren und entsteinen. Die Knoblauchzehen schälen und fein hacken. Die Ingwerwurzel schälen und fein schneiden. In einem Bräter das Butterschmalz erhitzen, die Kaninchenkeulen hineingeben und ringsum anbraten. Pflaumen zugeben und einige Minuten mitschmoren. Dann die Fleischbrühe, den Pflaumenschnaps, Knoblauch und Ingwer zufügen. Im vorgeheizten Backofen bei 180 Grad 45 Minuten garen. Die Keulen auf einer vorgewärmten Platte anrichten, die Sauce mit Salz und Pfeffer abschmecken und die Preiselbeermarmelade zufügen. Zuletzt die eiskalte Butter einrühren.

Beilagen:

Semmelknödel (Rezept S. 153) oder
Semmelkloß (Rezept S. 152)

KANINCHENKEULEN MIT WEISSWEIN

Zutaten:

4 Kaninchenkeulen
Salz, frisch gemahlener
schwarzer Pfeffer
1 EL scharfer Senf
200 g Schinkenspeck
4 Möhren
2 Zwiebeln
¼ Sellerieknolle

40 g Butterschmalz
¼ l Weißwein (Riesling)
⅛ l Fleischbrühe
1 EL Tomatenmark
6 EL gegarte Erbsen
1 EL Mehl
8 EL Schlagsahne
4 EL gehackte Petersilie

Zubereitung:

Die Kaninchenkeulen waschen und trockentupfen. Mit Salz, Pfeffer und Senf würzen. Den Schinkenspeck in Würfel schneiden. Möhren, Zwiebeln und Sellerie putzen und klein schneiden. In einem Topf das Butterschmalz erhitzen und die Schinkenspeckwürfel darin ausbraten. Die Keulen hineingeben und ringsum anbraten. Das Gemüse zugeben und 5 Minuten durchschwitzen lassen. Den Weißwein und die Brühe angießen. Alles erhitzen und zugedeckt etwa 45 Minuten köcheln lassen. Die Keulen herausnehmen und das Fleisch von den Knochen lösen. Warm stellen. Die Sauce pürieren, Tomatenmark einrühren. Das Mehl mit der Sahne verquirlen und die Sauce damit binden. Zuletzt die Erbsen und das Fleisch hineingeben. Kurz erhitzen. Mit Petersilie bestreut servieren.

Beilagen:

Petersilienkartoffeln (Rezept S. 157)
oder Kartoffelklöße (Rezepte S. 147–152)

MARINIERTE KANINCHENKEULEN

Zutaten:

4 Kaninchenkeulen
1 l Buttermilch
200 g Räucherspeck
Salz
frisch gemahlener
schwarzer Pfeffer
2 Zwiebeln

1 kräftige Prise gemahlene
Gewürznelke
1 unbehandelte Zitrone
50 g Butterschmalz
$1/2$ l helles Bier
2 EL Johannisbeergelee

Zubereitung:

Die Keulen waschen, trockentupfen und in eine Schüssel legen. So viel Buttermilch darüber gießen, dass die Keulen bedeckt sind. Zugedeckt 2 Tage an einen kühlen Platz stellen. Herausnehmen und trockentupfen. Den Speck in dünne Streifen schneiden, die Keulen damit spicken und mit Salz, Pfeffer und gemahlener Gewürznelke würzen. Die Zwiebeln schälen und in dünne Scheiben schneiden. Die Zitrone ebenfalls in Scheiben schneiden. In einem Bräter das Butterschmalz erhitzen, die Keulen hineingeben und auf beiden Seiten anbraten. Zwiebel- und Zitronenscheiben zugeben. Das Bier angießen. Erhitzen und zugedeckt etwa 45 Minuten bei mäßiger Hitze garen. Das Fleisch herausnehmen und warm stellen. Die Sauce passieren und mit Johannisbeergelee verfeinern.

Beilage:
Semmelknödel (Rezept S. 153)

KANINCHENKEULEN MIT ROTWEIN

Zutaten:

4 Kaninchenkeulen	2 Zwiebeln
1–2 l Buttermilch	2 säuerliche Äpfel
Salz	$^1/_4$ l Rotwein
frisch gemahlener	100 ml Fleischbrühe
schwarzer Pfeffer	1 EL Mehl
125 g Räucherspeck	1 Prise Zucker

Zubereitung:

Die Kaninchenkeulen waschen und in eine Schüssel legen. Die Buttermilch darüber gießen. Zugedeckt über Nacht kühl stellen. Herausnehmen, trockentupfen und mit Salz und Pfeffer einreiben. Den Speck in kleine Würfel schneiden. Die Zwiebeln schälen und grob zerkleinern. Die Äpfel schälen und in feine Spalten schneiden, dabei das Kerngehäuse entfernen. Die Speckwürfel in einen Bräter geben und auslassen. Die Keulen zufügen und ringsum anbraten. Dann Zwiebeln und Äpfel zufügen. Den Rotwein und die Fleischbrühe angießen und alles 45 Minuten köcheln lassen. Die Keulen herausnehmen und die Knochen entfernen. Das Fleisch in mundgerechte Stücke schneiden. Die Sauce passieren. Das Mehl in wenig kaltem Wasser glatt rühren und die Sauce damit binden. Mit Salz, Pfeffer und einer Prise Zucker abschmecken. Die Fleischstücke in die Sauce legen, kurz erhitzen und sofort zu Tisch bringen.

Beilagen:

Kartoffelklöße (Rezepte S. 147–152),
Kartoffelpuffer (Rezept S. 156), Butterreis (Rezept S. 166)
oder Pilznudeln (Rezept S. 163)

KANINCHENKEULEN MIT QUITTENGELEE

Zutaten:

4 Kaninchenkeulen
Salz
frisch gemahlener
weißer Pfeffer
2 Zwiebeln
2 Möhren

50 g Butterschmalz
400 ml Buttermilch
4 EL Quittengelee
6 EL Kognak oder Weinbrand
1 EL Mehl
100 ml Schlagsahne

Zubereitung:

Die Kaninchenkeulen waschen, trockentupfen, mit Salz und Pfeffer einreiben. Die Zwiebeln schälen und fein hacken. Die Möhren putzen, waschen und klein schneiden. In einem Bräter das Butterschmalz erhitzen, die Keulen hineingeben und rundum anbraten. Zwiebeln, Möhren und Buttermilch zugeben. Zugedeckt 45 Minuten garen. Die Keulen herausnehmen, die Knochen entfernen, das Fleisch in mundgerechte Stücke schneiden und in eine Schüssel füllen. Warm stellen. Den Bratfond durch ein Sieb gießen. Quittengelee und Kognak oder Weinbrand zufügen. Das Mehl in der Sahne glatt rühren und die Sauce damit binden. Mit Salz und Pfeffer abschmecken und über das Fleisch gießen.

Beilage:

Butterreis (Rezept S. 166)

KANINCHENKEULEN MIT PFLAUMENMUS

Zutaten:

4 Kaninchenkeulen
Salz, frisch gemahlener
schwarzer Pfeffer
2 Zwiebeln
2 Knoblauchzehen
2 Möhren
2 säuerliche Äpfel

50 g Butterschmalz
1 Lorbeerblatt
8 Wacholderbeeren
150 g Pflaumenmus
$^1/_4$ l Rotwein
$^1/_4$ l Fleischbrühe
30 g eiskalte Butter

Zubereitung:

Die Kaninchenkeulen waschen, trockentupfen und mit Salz und Pfeffer einreiben. Die Zwiebeln und die Knoblauchzehen schälen und fein hacken. Die Möhren putzen, waschen und in Scheiben schneiden. Die Äpfel waschen, ungeschält in Spalten schneiden und dabei das Kerngehäuse entfernen. In einem Bräter das Butterschmalz erhitzen, die Keulen hineingeben und ringsum anbraten. Das Gemüse, die Apfelspalten, das Lorbeerblatt, die zerdrückten Wacholderbeeren und das Pflaumenmus zugeben. Den Rotwein und die Brühe angießen. Alles erhitzen und bei mäßiger Hitze etwa 50 Minuten köcheln lassen. Die Keulen herausnehmen und auf einer vorgewärmten Platte anrichten. Die Sauce passieren, mit Salz und Pfeffer abschmecken und die eiskalte Butter einrühren.

Beilage:

Butterreis (Rezept S. 166)

KANINCHENKEULEN IM ZWIEBELBETT

Zutaten:

4 Kaninchenkeulen
Salz
frisch gemahlener
schwarzer Pfeffer
50 g Butterschmalz
1/4 l Weißwein (Riesling)
100 ml Fleischbrühe

1 kg Zwiebeln
150 g durchwachsener Speck
2 EL Sonnenblumenöl
1 EL gemahlener weißer
Pfeffer
1/4 TL Zucker
2 EL Butter

Zubereitung:

Die Kaninchenkeulen waschen, trockentupfen und mit Salz und Pfeffer einreiben. In einem Bräter das Butterschmalz erhitzen, die Kaninchenkeulen hineingeben, ringsum anbraten, Weißwein angießen und bei mittlerer Hitze 40 Minuten köcheln lassen. Die Zwiebeln schälen und in Scheiben schneiden. Den Speck in kleine Würfel schneiden. In einem Topf das Öl erhitzen, den Speck darin kross braten und die Zwiebelscheiben hinzugeben. Salz, Pfeffer, Zucker und Butter zufügen, erhitzen und 5 Minuten köcheln lassen. Die Zwiebeln zu den Kaninchenkeulen geben und 5 Minuten mitköcheln lassen. Die Keulen herausnehmen. Auf vorgewärmte Teller etwas Zwiebelgemüse geben und die Keulen darauf anordnen.

Beilagen:

Petersilienkartoffeln (Rezept S. 163), Kartoffelpuffer (Rezept S. 156) oder Pfannenkartoffeln (Rezept S. 155)

KANINCHENKEULEN MIT TOMATEN

Zutaten:

4 Kaninchenkeulen
Salz
frisch gemahlener
schwarzer Pfeffer
3 Zwiebeln
2 Knoblauchzehen
500 g Tomaten

50 g Butterschmalz
2 Lorbeerblätter
2 Zweige Salbei
1 TL gemahlener Kümmel
$^1/_4$ l Fleischbrühe
3 EL Kognak oder Weinbrand
2 EL gehackte Petersilie

Zubereitung:

Die Kaninchenkeulen waschen, trockentupfen und mit Salz und Pfeffer einreiben. Die Zwiebeln und die Knoblauchzehen schälen und fein hacken. Die Tomaten überbrühen, enthäuten und in Viertel schneiden. In einem Bräter das Butterschmalz erhitzen, die Kaninchenkeulen hineingeben und ringsum knusprig anbraten. Zwiebeln, Tomaten, Lorbeerblätter, Salbei, Kümmel und Knoblauch zufügen. Brühe und Kognak oder Weinbrand angießen. Alles erhitzen und anschließend bei mäßiger Hitze eine Stunde köcheln lassen. Mit Petersilie bestreuen. Im Bräter zu Tisch bringen.

Beilagen:

Petersilienkartoffeln (Rezept S. 157), karamelisierte Kartoffeln (Rezept S. 158) oder Pfannenkartoffeln (Rezept S. 155)

KANINCHENRÜCKEN IN SCHWARZBROTSAUCE

Zutaten:

2 Kaninchenrücken
Weinessig
Salz, frisch gemahlener
schwarzer Pfeffer
Curry
2 EL Tomatenmark

200 g Räucherspeck
4 Zwiebeln
50 g Butterschmalz
$^1/_4$ l saure Sahne
100 g Schwarzbrot
$^1/_8$ l Rotwein

Zubereitung:

Die Kaninchenrücken waschen und trockentupfen. Ein Baumwolltuch in Weinessig tränken, die Kaninchenrücken darin einwickeln und 24 Stunden ziehen lassen. Danach die Kaninchenrücken mit Salz, Pfeffer und Curry würzen und mit Tomatenmark bestreichen. Den Speck in Scheiben schneiden. Die Zwiebeln schälen und ebenfalls in Scheiben schneiden. Die Kaninchenrücken mit Speck- und Zwiebelscheiben belegen und mit Küchengarn zusammenhalten. In einem Bräter das Butterschmalz erhitzen, das Fleisch hineingeben und anbraten. Saure Sahne angießen. 35 Minuten garen. Das Schwarzbrot in Würfel schneiden und mit dem Rotwein zufügen. 10 Minuten köcheln lassen. Das Fleisch herausnehmen und das Küchengarn entfernen. Die Sauce pürieren und abschmecken.

Beilagen:

Kartoffelklöße (Rezepte S. 147–152) oder
Pfannenkartoffeln (Rezept S. 155)

PIKANTER KANINCHENRÜCKEN

Zutaten:

2 Kaninchenrücken
Salz, frisch gemahlener
schwarzer Pfeffer
150 g Rosinen
200 g gemahlene
Walnusskerne
$1/8$ l Portwein

1 kräftige Prise Zimt
2 Schalotten
2 Möhren
50 g Sellerieknolle
40 g Butterschmalz
$1/4$ l Fleischbrühe
2 EL Crème fraîche

Zubereitung:

Die Kaninchenrücken waschen und trockentupfen. Mit Salz und Pfeffer einreiben. Die Rosinen verlesen, waschen und abtropfen lassen. Mit den gemahlenen Walnüssen, der Hälfte vom Portwein und dem Zimt vermischen. Die Mischung auf das Fleisch streichen und 3 Stunden einziehen lassen. Die Schalotten schälen und halbieren, die Möhren und den Sellerie putzen, waschen und grob zerkleinern. In einem Bräter das Butterschmalz erhitzen, das Gemüse hineingeben und anrösten. Das Fleisch darauf legen, Brühe angießen und im vorgeheizten Backofen bei 200 Grad etwa 35 Minuten garen. Ab und zu mit Bratensaft und dem restlichen Portwein begießen. Das Fleisch herausnehmen und warm stellen. Die Sauce passieren, etwas einkochen, mit Salz und Pfeffer abschmecken und mit Crème fraîche verfeinern.

Beilage:

Butterreis (Rezept S. 166)

VERPACKTES KANINCHENFILET

Zutaten:

4 Kaninchenfilets
(aus dem Rücken)
1 EL scharfer Senf
Salz
frisch gemahlener
schwarzer Pfeffer

2 Zwiebeln
500 g Tomaten
8 dünne Speckscheiben (in gleicher Größe wie die Filets)
$^1/_8$ l Weißwein (Riesling)
60 g Butter

Zubereitung:

Das Fleisch waschen und trockentupfen. Mit Senf bestreichen und mit Salz und Pfeffer würzen. Die Zwiebeln schälen und in dünne Scheiben schneiden. Die Tomaten überbrühen, häuten und in kleine Würfel schneiden. Zwiebelscheiben und Tomatenwürfel auf dem Fleisch anordnen. Die Filets zusammenschlagen, in jeweils 2 Speckscheiben einpacken, mit Küchengarn zusammenhalten und in eine feuerfeste Form legen. Weißwein angießen, Butterflöckchen aufsetzen und im vorgeheizten Backofen bei 180 Grad etwa 25 Minuten garen. Dabei ab und zu mit Bratensaft begießen. Wenn nötig noch etwas Weißwein angießen.

Beilagen:

Kartoffelpuffer (Rezept S. 156)
oder Pfannenkartoffeln (Rezept S. 155)

KANINCHENFILETS MIT MARONENPÜREE

Zutaten:

3/8 l Fleischbrühe
1 Lorbeerblatt
2 Zwiebeln
500 g Kaninchenfilet
500 g Maronen
Salz
100 g Butter
3 EL Weißwein (Riesling)
frisch gemahlener
weißer Pfeffer

1 Messerspitze abgeriebene
Muskatnuss

Für die Sauce:
1 EL Mehl
1/8 l Fleischbrühe
frisch gemahlener
weißer Pfeffer
4 EL Schlagsahne
1 fein gehobelte schwarze
Trüffel
Salz

Zubereitung:

Die Brühe mit dem Lorbeerblatt und den geschälten, zerkleinerten Zwiebeln zum Kochen bringen. Das Fleisch hineingeben und 8 bis 10 Minuten ziehen lassen. Herausnehmen und in Alufolie einwickeln. Für das Püree die Maronen an den Spitzen kreuzweise einritzen. Im vorgewärmten Backofen so lange erhitzen, bis die Schalen platzen. Herausnehmen und die Schalen entfernen. Die Maronen mit kochendem Wasser überbrühen und von der inneren Haut befreien. In wenig Salzwasser weich kochen. Das Wasser abgießen. Die Maronen zerdrücken. In einer Pfanne die Hälfte der Butter erhitzen und die Maronen darin anrösten. Weißwein, Salz, Pfeffer und Mus-

KANINCHENFILETS MIT MARONENPÜREE

kat zugeben. Warm stellen. Für die Sauce die restliche Butter erhitzen, das Mehl einrühren, $^1/_8$ l Fleischbrühe zufügen, glatt rühren, erhitzen und 2 bis 3 Minuten köcheln lassen. Mit Salz und Pfeffer würzen. Sahne und gehobelte Trüffel einrühren. Das Fleisch in Scheiben schneiden. Mit dem Maronenpüree auf vorgewärmten Tellern anrichten, jeweils etwas Sauce angießen.

Beilagen:
Roggennudeln (Rezept S. 164) oder
karamelisierte Kartoffeln (Rezept S. 158)

KANINCHEN-ZWIEBEL-BRATEN

Zutaten:

1 küchenfertiges Kaninchen (etwa 2 kg)
Salz
frisch gemahlener schwarzer Pfeffer
100 g Räucherspeck
6 Zwiebeln
2 EL Sonnenblumenöl
1 TL Zucker
2 EL Weinessig
1 EL Tomatenmark
$^1/_2$ TL Majoran
6–8 EL saure Sahne

Zubereitung:

Das Kaninchen waschen, trockentupfen, in portionsgerechte Stücke teilen und mit Salz und Pfeffer einreiben. Den Speck in kleine Würfel schneiden. Die Zwiebeln schälen und in Scheiben schneiden. In einem Bräter das Öl erhitzen, die Speckwürfel hineingeben, etwas auslassen, dann die Zwiebelscheiben zufügen und bräunen. Zucker darüber streuen und mit dem Essig ablöschen. Kaninchenstücke, Tomatenmark, Majoran und 1 Tasse Wasser zugeben. Alles etwa 1 Stunde garen. Das Fleisch herausnehmen, auf einer Platte anrichten und warm stellen. Die Sauce passieren und mit saurer Sahne verfeinern. Die Sauce über das Fleisch geben.

Beilagen:

Kartoffelpuffer (Rezept S. 156),
Pfannenkartoffeln (Rezept S. 155) oder geröstetes,
gebuttertes Kräuterbrot (Rezept S. 172)

KANINCHENBRATEN MIT ROTER BETE

Zutaten:

1 küchenfertiges Kaninchen (etwa 1,8 kg)
Salz
frisch gemahlener schwarzer Pfeffer
8 Wacholderbeeren
200 g Räucherspeck
40 g Butterschmalz
30 g Butter
$1/4$ l saure Sahne
1 kg gegarte rote Bete
2 Zwiebeln
$1/8$ l Fleischbrühe
4 EL Weinessig

Zubereitung:

Das Kaninchen waschen, trockentupfen und mit Salz, Pfeffer und zerdrückten Wacholderbeeren einreiben. Den Speck in kleine Würfel schneiden. In einem Bräter das Butterschmalz erhitzen, die Speckwürfel kross ausbraten. Das Kaninchen hineingeben und ringsum anbraten. Butterflöckchen aufsetzen, die saure Sahne angießen. Zugedeckt etwa eine Stunde köcheln lassen. Das Fleisch herausnehmen und warm stellen. Die rote Bete sehr fein schneiden. Die Zwiebeln schälen und fein hacken. Rote Bete, Zwiebeln und Fleischbrühe zur Sauce geben, kurz erhitzen und 3 Minuten köcheln lassen. Mit Essig, Salz und Pfeffer abschmecken. Das Kaninchen in Portionsstücke teilen und auf einer vorgewärmten Platte anrichten. Mit der Sauce zu Tisch bringen.

Beilagen:

Karamelisierte Kartoffeln (Rezept S. 158), Petersilienkartoffeln (Rezept S. 157) oder knusprige Speckbrötchen (Rezept S. 176)

FRUCHTIGER FLEISCHTOPF

Zutaten:

1 küchenfertiges Kaninchen (etwa 1,7 kg)
1–2 l Buttermilch
Salz, frisch gemahlener schwarzer Pfeffer
150 g durchwachsener Speck
2 Zwiebeln, 2 Möhren
50 g Butterschmalz
1 Stange Sellerie
1 Messerspitze abgeriebene Muskatnuss
$^1/_8$ l Fleischbrühe
$^1/_4$ l Weißwein (Riesling)
400 g frische, entsteinte Schattenmorellen
2 EL Johannisbeergelee

Zubereitung:

Das Kaninchen waschen und über Nacht in Buttermilch legen. Das Fleisch herausnehmen, trockentupfen, in 6 Stücke teilen und mit Salz und Pfeffer einreiben. Den Speck in kleine Würfel schneiden. Die Zwiebeln schälen und grob zerkleinern. Die Möhren putzen, waschen und ebenfalls zerkleinern. Das Butterschmalz in einem Bräter erhitzen, die Speckwürfel darin auslassen. Das Fleisch hineingeben und ringsum anbraten. Zwiebeln, Möhren und den Selleriezweig zugeben. Die Brühe und den Wein angießen. Zugedeckt 50 Minuten köcheln lassen. Das Fleisch herausnehmen und warm stellen. Die Sauce passieren, die Schattenmorellen in die Sauce geben und 10 Minuten mitköcheln lassen. Zuletzt das Johannisbeergelee einrühren. Mit Salz und Pfeffer abschmecken.

Beilagen:

Butterreis (Rezept S. 166) oder Roggennudeln (Rezept S. 164)

SCHÜSSELFLEISCH

Zutaten:

1 küchenfertiges Kaninchen
(etwa 1,8 kg)
Salz, frisch gemahlener
schwarzer Pfeffer
½ TL Majoran
125 g durchwachsener Speck
2 Zwiebeln
30 g Butterschmalz

¼ l Pilsner, ⅛ l Fleischbrühe
je 3 Pfefferkörner, Pimentkörner und Wacholderbeeren
1 Lorbeerblatt
1 rote Paprikaschote
¼ l saure Sahne
1 Dose Maiskörner
2 saure Gurken

Zubereitung:

Das Kaninchen waschen, trockentupfen, in etwa 6 Stücke teilen und mit Salz, Pfeffer und Majoran würzen. Den Speck in kleine Würfel schneiden, die Zwiebeln schälen und fein hacken. In einem Bräter das Butterschmalz erhitzen. Speck und Zwiebeln darin glasig dünsten. Die Fleischstücke hineingeben und rundum anbraten. Bier angießen, zerdrückte Pfefferkörner, Pimentkörner, Wacholderbeeren und das Lorbeerblatt zufügen. Die Paprikaschote putzen, waschen und in feine Streifen schneiden. Fleischbrühe zufügen. Alles bei mittlerer Hitze etwa 50 Minuten garen. Das Fleisch herausnehmen, von den Knochen lösen und in mundgerechte Stücke schneiden. Die Sauce durch ein Sieb geben. Saure Sahne und abgetropfte Maiskörner einrühren. Die Gurken in kleine Würfel schneiden und mit dem Fleisch in die Sauce geben. Nochmals erhitzen, aber nicht aufkochen lassen.

Beilagen:

Kartoffelklöße (Rezepte S. 147–152), Speck- (Rezept S. 176)
oder Zwiebelbrötchen (Rezept S. 175)
und knackiger grüner Salat (Rezept S. 168)

KANINCHENRAGOUT

Zutaten:

3 Schalotten
2 Kaninchenkeulen
Salz, frisch gemahlener
schwarzer Pfeffer
40 g Butterschmalz
½ Lorbeerblatt

6 Wacholderbeeren
¼ l Fleischbrühe
3 Tomaten
½ rote Paprikaschote
3–4 EL Weinessig
⅛ l Schlagsahne

Zubereitung:

Die Schalotten schälen und in Viertel schneiden. Die Keulen waschen, trockentupfen und mit Salz und Pfeffer einreiben. In einem Topf das Butterschmalz erhitzen und die Keulen darin anbraten. Schalotten, Lorbeerblatt und zerdrückte Wacholderbeeren zugeben und die Fleischbrühe angießen. Zugedeckt 45 Minuten garen. Das Fleisch herausnehmen, von den Knochen lösen und in mundgerechte Stücke schneiden. Die Tomaten häuten und in kleine Würfel schneiden. Die Paprika waschen, putzen und ebenfalls in kleine Würfel schneiden. Tomaten- und Paprikawürfel und die Fleischstücke zur Sauce geben. Weinessig und Schlagsahne einrühren. Alles zum Kochen bringen und kurz aufwallen lassen. Mit Salz und Pfeffer abschmecken.

Beilagen:
Butterreis (Rezept S. 166) oder Gemüsereis (Rezept S. 165)

KANINCHENRAGOUT MIT STEINPILZEN

Zutaten:

2 EL getrocknete Steinpilze
2 Zwiebeln
30 g Butterschmalz
2 Kaninchenrückenfilets
Salz
6 Wacholderbeeren

frisch gemahlener
schwarzer Pfeffer
$1/4$ l Fleischbrühe
1 EL Mehl
6 EL Schlagsahne
2 EL Kognak oder Weinbrand

Zubereitung:

Die Steinpilze waschen und in einer Tasse Wasser einweichen. Die Zwiebeln schälen und fein hacken. In einem Topf das Butterschmalz erhitzen, das Fleisch hineingeben und auf beiden Seiten je 4 Minuten braten. Herausnehmen, mit Salz, Pfeffer und zerdrückten Wacholderbeeren würzen und warm stellen. Die Zwiebeln in das Bratfett geben und 3 Minuten dünsten. Brühe und die Pilze mit dem Einweichwasser zugeben, erhitzen und 10 Minuten leise köcheln lassen. Das Mehl mit Sahne verrühren und die Sauce damit binden. Kognak oder Weinbrand zufügen. Abschmecken. Das Fleisch in mundgerechte Stücke schneiden, in die Sauce legen und 10 Minuten darin ziehen lassen.

Beilagen:

Butterreis (Rezept S. 166), Gemüsereis (Rezept S. 165) oder Petersilienkartoffeln (Rezept S. 157)

KANINCHENRAGOUT IN ROTWEIN-MARINADE

Zutaten:

1 küchenfertiges Kaninchen (etwa 1,8 kg)
Salz, frisch gemahlener schwarzer Pfeffer
2 Zwiebeln
2 Lorbeerblätter
1 Gewürznelke
$1/2$ l Rotwein
2 EL Essig
125 g Räucherspeck
20 g Butterschmalz
1 EL Mehl
100 ml Fleischbrühe
2 EL Schlagsahne

Zubereitung:

Das Kaninchen waschen, trockentupfen, in 8 Stücke teilen, mit Salz und Pfeffer würzen und in eine Schüssel legen. Die Zwiebeln schälen und in Ringe schneiden. Mit den Lorbeerblättern und der Gewürznelke zum Fleisch geben, Rotwein und Essig zugießen. Die Kaninchenstücke über Nacht marinieren lassen. Kühl stellen. Das Fleisch herausnehmen und trockentupfen. Den Speck in kleine Würfel schneiden. In einem Bräter das Butterschmalz erhitzen, die Speckwürfel hineingeben und knusprig braten. Die Fleischstücke dazugeben, ringsum anbraten und mit Mehl bestäuben. Die Marinade mit den Zwiebeln und Gewürzen und die Fleischbrühe angießen. Erhitzen und zugedeckt eine Stunde köcheln lassen. Das Fleisch herausnehmen, die Knochen entfernen, das Fleisch in mundgerechte Stücke teilen. Die Sauce passieren, mit Salz und Pfeffer abschmecken und mit Sahne verfeinern.

Beilage:
Butterreis (Rezept S. 166)

FRIKASSEE

Zutaten:

1 küchenfertiges Kaninchen (etwa 1,8 kg)
1 Zwiebel
½ l Weißwein (Riesling)
¼ l Fleischbrühe
1 Lorbeerblatt
1 Thymianzweig
1 Petersilienstängel
6 Wacholderbeeren
Salz, frisch gemahlener schwarzer Pfeffer
50 g Butter
2 EL Mehl
Saft von einer ½ Zitrone
2 Eigelb
2 EL gehackte Petersilie

Zubereitung:

Das Kaninchen waschen, abtropfen lassen, das Fleisch von den Knochen lösen und in mundgerechte Stücke schneiden. Die Zwiebel schälen und fein hacken. In einem Topf ½ Liter Salzwasser zum Kochen bringen, die Fleischstücke hineingeben und 4 Minuten garen. Mit einem Schaumlöffel herausnehmen. Weißwein und Fleischbrühe in einen Topf gießen. Fleischstücke, Zwiebeln, Thymianzweig, Petersilienstängel, zerdrückte Wacholderbeeren, Salz und Pfeffer zugeben. Alles zum Kochen bringen und dann bei mäßiger Hitze etwa 50 Minuten garen. Die Fleischstücke herausnehmen. Die Sauce passieren. In einer Kasserolle die Butter erhitzen, das Mehl darin anschwitzen, die Sauce zugießen und kurz aufkochen lassen. Vom Herd nehmen. Zitronensaft und Eigelb einrühren und die Fleischstücke hineingeben. Mit Salz und Pfeffer abschmecken und mit Petersilie bestreut servieren.

Beilage:

Butterreis (Rezept S. 166), Spätzle (Rezept S. 161) oder Eiernudeln (Rezept S. 162)

KANINCHENSCHNITZEL

Zutaten:

Schnitzel von 4 Kaninchenkeulen
Salz
frisch gemahlener
schwarzer Pfeffer
1 EL mittelscharfer Senf

2 EL Mehl
2 Eier
150 g Semmelbrösel
Butterschmalz zum Braten
marinierte Maiskolben und
Paprika (Konserve)

Zubereitung:

Die Schnitzel waschen, trockentupfen und mit Salz und Pfeffer einreiben. Etwas Senf aufstreichen. Zuerst in Mehl, dann in verquirltem Ei und in Semmelbröseln wälzen. Alles noch einmal in Ei und Semmelbröseln wälzen. In einer Pfanne Butterschmalz erhitzen, die Schnitzel hineingeben und auf beiden Seiten knusprig braten. Auf vorgewärmten Tellern anrichten und mit Maiskolben und Paprikastreifen garnieren.

Beilagen:

Kartoffelbrei (Rezept S. 160), Kartoffelsalat (Rezept S. 159)
oder mit Butter bestrichenes,
getoastetes Kräuterbrot (Rezept S. 172)

KANINCHENSCHNITZEL MIT ANANAS

Zutaten:

Schnitzel von 4 Kaninchenkeulen
Salz
frisch gemahlener
schwarzer Pfeffer
Butterschmalz zum Braten

1 EL Butter
2 EL Zucker
400 g frische, in kleine Würfel
geschnittene Ananas
1 TL gemahlener Ingwer

Zubereitung:

Die Schnitzel waschen, trockentupfen und mit Salz und Pfeffer einreiben. In einer Pfanne das Butterschmalz erhitzen, die Schnitzel hineingeben und auf beiden Seiten knusprig braten. In einer anderen Pfanne die Butter erhitzen, den Zucker hineingeben und karamelisieren. Die Ananaswürfel zugeben und kurz durchschwitzen. Mit Ingwer würzen und über den Schnitzeln anrichten.

Beilage:
Butterreis (Rezept S. 166)

KANINCHENLEBER

Zutaten:

500 g Kaninchenleber
5 Zwiebeln (400 g)
60 g Butterschmalz
Salz
frisch gemahlener
schwarzer Pfeffer
6 EL Weißwein
2 EL gehackte Petersilie

Zubereitung:

Von der Kaninchenleber die Haut entfernen. Die Leber in dünne Scheiben schneiden. Die Zwiebeln schälen und in Scheiben schneiden. In einer Pfanne das Butterschmalz erhitzen, die Fleischscheiben hineingeben und auf beiden Seiten je 3 Minuten braten. Herausnehmen, mit Salz und Pfeffer würzen und warm stellen. In die Pfanne die Zwiebelscheiben geben und glasig dünsten. Etwas salzen und den Weißwein angießen. Alles 3 Minuten köcheln lassen. Die Zwiebeln auf den Leberscheiben anordnen und gehackte Petersilie darüber geben.

Beilagen:

Getoastetes, gebuttertes Kräuterbrot (Rezept S. 172)
oder Kartoffelbrei (Rezept S. 160)

HACKSTEAKS

Zutaten:

400 g Kaninchenfleisch
ohne Knochen
250 g Schweinekamm
200 g Semmelbrösel
3 Eier
Salz

frisch gemahlener
schwarzer Pfeffer
½ TL Pastetengewürz
100 ml Madeira
2 EL Mehl
Butterschmalz zum Ausbraten

Zubereitung:

Das Fleisch durch den Fleischwolf drehen und in eine Schüssel füllen. 100 g Semmelbrösel, 2 Eier, Salz, Pfeffer, Pastetengewürz und Madeira zufügen und alles verkneten. Kleine Steaks formen und in Mehl wenden. Das dritte Ei verquirlen, die Steaks hindurchziehen und mit den restlichen Semmelbröseln panieren. In einer Pfanne Butterschmalz erhitzen, die Hacksteaks hineingeben und auf beiden Seiten knusprig braten.

Beilagen:

Kräuterbrot (Rezept S. 172) oder
Kartoffelbrei (Rezept S. 160)

KANINCHENBÄLLCHEN MIT BLATTSALAT

Zutaten:

Für die Kaninchenbällchen:
1 Brötchen
500 g gegartes Kaninchen-
fleisch
100 g Räucherspeck
1 Ei
Salz, frisch gemahlener
schwarzer Pfeffer
2 Scheiben Ananas (Konserve)
6 Walnüsse
4 zerdrückte Wacholderbeeren
4 EL Semmelbrösel
Butterschmalz zum Ausbacken

Für den Blattsalat:
1 Kopf grüner Salat
1 rote und 1 grüne
Paprikaschote
4 Tomaten
1 Schalotte
2 EL Weinessig
1 EL Senf
2 EL Sonnenblumenöl
Salz
frisch gemahlener
weißer Pfeffer
8 Walnüsse

Zubereitung:

Das Brötchen in Wasser einweichen. Das Fleisch mit dem Speck durch den Fleischwolf drehen und in eine Schüssel geben. Das ausgedrückte Brötchen, Ei, Salz und Pfeffer untermengen. Die Ananasscheiben in kleine Würfeln schneiden, die Walnüsse von der Schale befreien und zerkleinern. Ananasstücke, Walnüsse und die zerdrückten Wacholderbeeren in die Fleischmasse einarbeiten. Aus der Fleischmasse kleine Bällchen formen und in Semmelbröseln wälzen. In einer Pfanne Butterschmalz erhitzen, die Fleischbällchen hineingeben und rundum knusprig braten. Den Salat putzen, waschen, abtropfen lassen und in mundgerechten Stücken auf Salattellern anrichten. Paprika und Tomaten waschen, in kleine Würfel schneiden und auf den Salatblättern verteilen. Aus Weinessig, Senf, Sonnenblumenöl, Salz und Pfeffer eine Sauce bereiten und über den Salat gießen. Die Walnüsse aus der Schale nehmen, zerkleinern und den Salat damit garnieren.

Tip:
Eine gute Ergänzung zu den Kaninchenbällchen ist Chutney.

Zutaten für das Chutney:

2 EL Sultaninen
1 Zwiebel
$1/_8$ l Weinessig
125 g Zucker
1 saurer Apfel (100 g)
500 g Tomaten
je $1/_2$ TL Salz,
scharfer Paprika,
frisch gemahlener
schwarzer Pfeffer und
Ingwerpulver
1 Messerspitze gemahlene
Nelken

Zubereitung:
Die Sultaninen über Nacht in Wasser einweichen. Die Zwiebel schälen und in kleine Würfel schneiden. In wenig Wasser glasig dünsten. Essig und Zucker zufügen. Den Apfel schälen und in Spalten schneiden, dabei das Kerngehäuse entfernen. Die Tomaten waschen, in Achtel schneiden und mit den Apfelspalten und den vorgeweichten Sultaninen zum Essigsud geben. Die restlichen Gewürze zufügen. Alles zum Kochen bringen und unter Rühren 20 Minuten köcheln lassen. In vorbereitete Gläser füllen und luftdicht verschließen.

Beilage:
Kräuterbrot (Rezept S. 172)

KLOPSE UND ZWIEBELSALAT

Zutaten:

Für die Klopse:
1 Brötchen
300 g gegartes Kaninchenfleisch (kann Bratenrest sein)
200 g Gehacktes vom Schwein
2 Eier
Salz
frisch gemahlener schwarzer Pfeffer
1 Messerspitze scharfer Paprika
Außerdem: 2 EL Mehl, 1 Ei, 100 g Semmelbrösel, Butterschmalz zum Braten

Für den Zwiebelsalat:
500 g Zwiebeln
1 TL Salz
1 rote Paprikaschote
1 Tomate
4 EL Sonnenblumenöl
4 EL Weinessig
1 EL mittelscharfer Senf
frisch gemahlener weißer Pfeffer
2 EL gehackte Kräuter (Petersilie, Schnittlauch)

Zubereitung:

Für die Klopse das Brötchen in Wasser einweichen. Das Kaninchenfleisch durch den Fleischwolf drehen und mit dem Gehackten vermengen. Eier, Salz, Pfeffer und Paprika zufügen und alles gut vermischen. Handtellergroße Klopse formen, zuerst in Mehl, dann in verquirltem Ei und zuletzt in den Semmelbröseln wenden. In einer Pfanne das Butterschmalz erhitzen und die Klopse darin knusprig ausbraten. Heiß oder kalt servieren.

KLOPSE UND ZWIEBELSALAT

Für den Salat die Zwiebeln schälen, halbieren, in Streifen schneiden und in eine Schüssel geben. $^1/_8$ Liter Salzwasser zum Kochen bringen und über die Zwiebelstreifen gießen. Etwa 5 Minuten ziehen lassen. Das Wasser abgießen. Paprika und Tomate waschen, in kleine Würfel schneiden und mit den Zwiebeln vermischen. Aus Öl, Essig, Senf, Salz und Pfeffer eine Sauce bereiten und über den Salat gießen. Zuletzt die Kräuter aufstreuen.

Beilagen:
Zwiebelbrötchen (Rezept S. 175) oder
Kräuterhörnchen (Rezept S. 177)

KLOPSE MIT FÜLLUNG

Zutaten:

500 g Kaninchenfleisch
ohne Knochen
100 g durchwachsener Speck
2 Zwiebeln
2 Knoblauchzehen
1 Bund Petersilie
200 g Semmelbrösel
2 Eier

$^1/_8$ l Schlagsahne
Salz, frisch gemahlener
schwarzer Pfeffer
4 Äpfel, 50 g Butter
Butterschmalz zum Ausbacken
Außerdem:
Semmelbrösel zum Panieren,
frische Salatblätter

Zubereitung:

Das Fleisch waschen, trockentupfen, mit dem Speck durch den Fleischwolf drehen und in eine Schüssel füllen. Die Zwiebeln und die Knoblauchzehen schälen und fein hacken. Die Petersilie waschen, abtropfen lassen und ebenfalls fein hacken. Zwiebeln, Knoblauch, Petersilie, 100 g Semmelbrösel, Eier, Schlagsahne, Salz und Pfeffer zum Fleisch geben. Alles gut vermischen. Die Äpfel waschen und das Kerngehäuse ausstechen. Dann die Äpfel schälen und in 1 cm dicke Scheiben schneiden. In einer Pfanne die Butter erhitzen, die Apfelscheiben hineingeben und eine Minute durchschwenken. Herausnehmen. Aus der Fleischmasse Klopse formen und in die Mitte jeweils eine Apfelscheibe geben. Dabei die Ränder gut zusammendrücken. In den restlichen Semmelbröseln wenden. In einer Pfanne Butterschmalz erhitzen, die Klopse hineingeben und auf jeder Seite etwa 5 Minuten knusprig braten. Herausnehmen und auf Salatblättern anordnen.

Beilagen:

Kartoffelsalat (Rezept S. 159), Speckbrötchen (Rezept S. 176) oder Kräuterhörnchen (Rezept S. 177)

BUNTES BROT

Zutaten:

1 Herrenbrot
3 Knoblauchzehen
5 EL Olivenöl
2 EL Tomatenmark
4 Tomaten
½ Salatgurke
4 Schalotten
einige Blätter Kopfsalat

300 g gegartes
Kaninchenfleisch
1 EL Zitronensaft
Salz
frisch gemahlener
weißer Pfeffer
1 EL gehackte Petersilie
Außerdem: Alufolie

Zubereitung:

Das Herrenbrot der Länge nach durchschneiden und aushöhlen. Die Knoblauchzehen schälen, fein hacken und mit 3 Esslöffeln Olivenöl vermischen. Das Brotinnere damit ausstreichen. Darauf Tomatenmark geben. Die Tomaten und die Gurke waschen und in dünne Scheiben schneiden. Die Schalotten putzen und ebenfalls in feine Scheiben schneiden. Kopfsalatblätter putzen, waschen und in mundgerechte Stücke teilen. Das Fleisch in kleine Würfel schneiden. Mit Tomaten, Gurke, Schalotten, Salatblättern und Kaninchenfleisch das Brot abwechselnd füllen. Das restliche Olivenöl mit Zitronensaft, Salz, Pfeffer und Petersilie vermischen und auf die Brotfüllung geben. In Alufolie verpacken und 2 Stunden im Kühlschrank ziehen lassen.

Beilage:
Knackiger grüner Salat (Rezept S. 166)

KANINCHEN IM TEIG

Zutaten:

500 g Mehl, 40 g Hefe
⅛ l Milch, 125 g Butter

Für die Füllung:
5 Zwiebeln
30 g Butterschmalz
Salz, 2 EL Curry
150 ml herber Weißwein
400 g gegartes Kaninchenfleisch

200 g Gehacktes vom Schwein
2 Eier, frisch gemahlener weißer Pfeffer
etwas scharfer Paprika
½ TL gemahlener Kümmel
1 EL Tomatenmark
100 g Semmelbrösel
Außerdem: 2 Eigelb zum Bestreichen, Butter für das Backblech

Zubereitung:

Das Mehl in eine Schüssel sieben, in die Mitte eine Vertiefung drücken. Die Hefe in etwas lauwarmer Milch verquirlen und in die Vertiefung gießen. Etwas Mehl darüber stäuben. Zugedeckt 20 Minuten gehen lassen. Alles zu einem Teig verarbeiten, dabei die Butter in Flöckchen zufügen. 30 Minuten zugedeckt gehen lassen. Inzwischen die Zwiebeln schälen und in Scheiben schneiden. In einer Pfanne Butterschmalz erhitzen, die Zwiebeln darin glasig werden lassen. Mit Salz und Curry würzen. Weißwein angießen. Alles so lange schmoren lassen, bis die Flüssigkeit fast verdampft ist. Das Kaninchenfleisch durch den Fleischwolf drehen und mit dem Gehackten vermischen. Das Fleisch mit den Zwiebeln, Eiern, Pfeffer, Salz, Paprika, Kümmel, Tomatenmark und Semmelbröseln vermischen und kurz durchkneten. Den gegangenen Teig nochmals durchkneten und zu einem Rechteck ausrollen. Die Füllung aufstreichen. An den Seiten den Teig etwas einschlagen und von der Längsseite her aufrollen. Zu einem Horn formen. Mit verquirltem Eigelb bestreichen. Auf ein gebuttertes Backblech geben und im vorgeheizten Backofen bei 200 Grad etwa 60 Minuten backen. Heiß servieren.

DEFTIGE PASTETE

Zutaten:

Für den Teig:
250 g Mehl
1 gestrichener TL Backpulver
100 g Butter
1 Ei
Salz

Für die Füllung:
2 Zwiebeln
1 Knoblauchzehe
8 Tomaten
30 g Butterschmalz

Salz
400 g gegartes Kaninchenfleisch
1 EL gehackte Kräuter (Petersilie, Schnittlauch, Dill)
frisch gemahlener schwarzer Pfeffer
$1/2$ TL Thymian
50 g Semmelbrösel

Außerdem: Butter für das Backblech, Eigelb zum Bestreichen

Zubereitung:

Mehl und Backpulver in eine Schüssel sieben, in die Mitte eine Vertiefung drücken. Butter, Ei und Salz in die Vertiefung geben. Von der Mitte aus rasch einen glatten Teig bereiten. 2 Stunden kühl stellen. Für die Füllung die Zwiebeln und die Knoblauchzehe schälen und fein hacken. Die Tomaten waschen und in Würfel schneiden. In einer Pfanne Butterschmalz erhitzen, die Zwiebeln hineingeben und kurz andünsten. Tomaten und Knoblauch zugeben. 10 Minuten köcheln lassen. Vom Herd nehmen, salzen und auskühlen lassen. Das Kaninchenfleisch in kleine Würfel schneiden und mit dem Tomatengemisch, den Kräutern, Gewürzen und Semmelbröseln vermischen. Den Teig 3 mm dick ausrollen und in 15 × 15 cm große Quadrate schneiden. Auf jedes Quadrat etwas von der Füllung geben. Die Ränder fest zusammendrücken. Die Pasteten mit Eigelb bestreichen. Ein Backblech ausbuttern, die Pasteten darauf setzen und im vorgeheizten Backofen bei 200 Grad etwa 40 Minuten backen. Heiß servieren.

KARTOFFELKUCHEN MIT KANINCHENFÜLLE

Zutaten:

Für den Teig:
300 g mehlig kochende Kartoffeln
500 g Mehl
½ Päckchen Backpulver
80 g Butter
2 Eier
Salz
⅛ l Milch

Für die Füllung:
400 g Kaninchenfleisch
50 g Butter
1 Stück Ingwer (50 g)
200 g in Kognak oder Weinbrand marinierte Orangen- und Ananaswürfel

Außerdem: Butter für das Backblech, 1 Eigelb und 2 EL Milch zum Bestreichen

Zubereitung:

Die Kartoffeln in der Schale kochen, pellen, durch die Kartoffelpresse drücken und in eine Schüssel füllen. Das Mehl mit dem Backpulver vermischen und über die Kartoffelmasse sieben. Butter, Eier, Salz und Milch einarbeiten. Das Kaninchenfleisch in Würfel schneiden. Die Ingwerknolle dünn schälen und auf einer feinen Reibe raspeln. Mit den Orangen- und Ananaswürfeln und dem Fleisch vermengen. Ein Backblech ausbuttern. Die Hälfte des Teiges ausrollen, auf das Backblech geben und mit der Füllung bestreichen. Die andere Teighälfte ebenfalls ausrollen und auf die Füllung geben. Die Ränder fest zusammendrücken. Eigelb und Milch verrühren und auf den Teig streichen. Im vorgeheizten Backofen bei 200 Grad etwa 40 Minuten backen. Noch heiß in Stücke schneiden.

Variante:

Das Kaninchenfleisch kann man auch mit marinierten Paprika- und Gurkenwürfeln verfeinern.

KARTOFFELKUCHEN MIT KANINCHENFÜLLE

Tip:
Halbierte, entkernte Rotwein-Pflaumen oder Zwiebel-Relish sind eine gute, pikante Ergänzung.

Zutaten für die Rotwein-Pflaumen:
$1/4$ l Rotwein, $1/8$ l Weinessig, 250 g Zucker, 1 Stück Zimtringe, 1 Gewürznelke, 400 g Pflaumen
Zubereitung:
Den Rotwein mit Essig, Zucker und Gewürzen in einen Topf geben, zum Kochen bringen und abschäumen. Die Pflaumen waschen, in den Sud geben und 10 Minuten köcheln lassen. Die Pflaumen herausnehmen und in vorbereitete Gläser füllen. Den Sud etwas einkochen und über die Pflaumen gießen. Die Gläser zuschrauben. Nach 2 Tagen haben die Pflaumen das gewünschte Aroma.

Zutaten für das Zwiebel-Relish:
500 g Zwiebeln, 1 Paprikaschote, 2 EL Sonnenblumenöl, $1/4$ l Weißwein, 6 EL Weinessig, 1 TL Salz, 1 kräftige Prise Zucker, frisch gemahlener schwarzer Pfeffer
Zubereitung:
Die Zwiebeln und die Paprikaschote putzen und in Würfel schneiden. Das Öl in einem Topf erhitzen, die Zwiebel- und Paprikawürfel hineingeben und andünsten. Weißwein, Essig, Salz, Zucker und Pfeffer zugeben. Alles zugedeckt eine Stunde köcheln lassen. Noch heiß in Gläser füllen und verschließen.

Beilage:
Knackiger grüner Kopfsalat (Rezept S. 168)

HUBERTUSSPIESS MIT ZWIEBEL-ORANGEN-SALAT

Zutaten:

Für den Hubertusspieß:
400 g ausgelöstes Kaninchenfleisch
Salz
2 EL Olivenöl
8 Ananasscheiben
250 g Schinkenspeck

Für den Salat:
375 g rote Zwiebeln
8 Orangen
15 schwarze, entkernte Oliven
2 EL Olivenöl
Saft von einer halben Zitrone
Salz
1 kräftige Prise Zucker

Zubereitung:

Das Fleisch salzen, mit Öl bepinseln und in Würfel schneiden. Die Ananasscheiben abtropfen lassen und ebenfalls in Würfel schneiden. Den Speck in dünne Streifen schneiden.

Die Speckstreifen um die Ananaswürfel wickeln. Abwechselnd Kaninchenfleisch und in Speck verpackte Ananas auf Spieße reihen und grillen. Für den Salat die Zwiebeln schälen, halbieren, in dünne Scheiben schneiden und in eine Schüssel geben. Die Orangen schälen, in Spalten teilen, dabei die weiße Haut entfernen und mit den Zwiebelscheiben vermengen. Oliven zufügen. Aus Olivenöl, Zitronensaft, Salz und Zucker eine Marinade bereiten und über den Salat geben. Zugedeckt im Kühlschrank eine Stunde durchziehen lassen.

Beilage:
Kräuterbrot (Rezept S. 172)

SCHARFER SPIESS

Zutaten:

500 g Kaninchenfleisch ohne Knochen
1 rote und 1 gelbe Paprikaschote
3 kleine Äpfel
2 Tomaten
4 EL Sonnenblumenöl
Salz
frisch gemahlener schwarzer Pfeffer

Zubereitung:

Das Kaninchenfleisch in mundgerechte Stücke schneiden. Die Paprikaschoten putzen, waschen und in Stücke schneiden. Die Äpfel waschen, das Kerngehäuse ausstechen und ungeschält in Scheiben schneiden. Tomaten waschen und ebenfalls in Scheiben schneiden. Abwechselnd Fleisch, Paprika, Apfel- und Tomatenscheiben auf 4 Spieße reihen. Mit Öl bepinseln und mit Salz und Pfeffer würzen. Im heißen Grill garen.

Beilagen:

Kräuterhörnchen (Rezept S. 177) oder
Hörnchen mit Fleischfülle (Rezept S. 178)

SPIESSBRATEN

Zutaten:

1 küchenfertiges Kaninchen (etwa 1,8 kg)
Salz
frisch gemahlener schwarzer Pfeffer
200 g Räucherspeck
Sonnenblumenöl
etwas helles Bier

Zubereitung:

Das Kaninchen waschen, trockentupfen und innen und außen mit Salz und Pfeffer einreiben. Den Speck in dünne Streifen schneiden. Keulen, Läufe und Rücken mit Räucherspeck spicken. Alles mit Öl bepinseln. Auf einen Spieß stecken und unter häufigem Drehen über Holzkohlenglut etwa 60 Minuten garen. Hin und wieder mit Bier und Öl beträufeln.

Beilage:

Kartoffelsalat (Rezept S. 159)

KANINCHENBRATLINGE MIT REIS

Zutaten:

125 g Langkornreis
2 Zwiebeln
2 Knoblauchzehen
100 g Butterschmalz
500 g Kaninchenfleisch ohne Knochen
125 g Räucherspeck

2 Eier
1 EL scharfer Senf
3 EL gehackte Petersilie
Salz, frisch gemahlener schwarzer Pfeffer
2 EL Sojasauce
½ TL Zucker

Zubereitung:

Den gewaschenen Reis zusammen mit Salz und ¼ Liter Wasser in einen Topf geben, zum Kochen bringen und bei mäßiger Hitze 20 Minuten ausquellen lassen. Die Zwiebeln und die Knoblauchzehen schälen und fein hacken. In einer Pfanne 1 Esslöffel Butterschmalz erhitzen, die Zwiebeln und den Knoblauch hineingeben, glasig dünsten und auskühlen lassen. Das Kaninchenfleisch und den Speck durch den Fleischwolf drehen und in eine Schüssel geben. Den gegarten Reis, die gedünsteten Zwiebeln und den Knoblauch, Eier, Senf, Petersilie, Pfeffer, Sojasauce und Zucker hineingeben. Alles gut vermischen. Handtellergroße Klopse formen. Das restliche Butterschmalz in einer Pfanne erhitzen, die Klopse hineingeben und auf beiden Seiten je 5 Minuten knusprig braten.

Beilage:
Glasierte Schalotten (Rezept S. 171)

PARTYWÜRSTCHEN

Zutaten:

750 g Kaninchenfleisch ohne Knochen
2 Zwiebeln
2 Knoblauchzehen
1 EL Butter
3 Eier
2 EL frische, gehackte Kräuter (Petersilie, Schnittlauch, Estragon, Dill, Basilikum)
Butterschmalz zum Braten

Zubereitung:

Das Fleisch durch den Fleischwolf drehen und in eine Schüssel geben. Die Zwiebeln und die Knoblauchzehen schälen und fein hacken. In einer Pfanne die Butter zerlassen, die Zwiebeln darin glasig werden lassen. Herausnehmen und mit dem Knoblauch und den Eiern zur Fleischmasse geben. Zuletzt die Kräuter untermischen. Würstchen formen. In einer Pfanne das Butterschmalz erhitzen, die Würstchen hineingeben und ringsum goldbraun braten.

Beilagen:

Weißbrot, Kräuterbrot (Rezept S. 172) oder Kartoffelsalat (Rezept S. 159)

PARTYWÜRSTCHEN

Tip:

Dazu schmeckt Schnittlauch- oder Senfsauce:

Für die Schnittlauchsauce zerdrückt man mit einer Gabel 3 hartgekochte Eigelb und vermengt sie mit 3 Esslöffeln Olivenöl, 3 Esslöffeln Weinessig und 1 Esslöffel scharfem Senf, würzt mit etwas Salz und Zucker und vermischt alles mit 4 Esslöffeln gehacktem Schnittlauch.

Für die Senfsauce erhitzt man in einer Pfanne 1 Esslöffel Butter, lässt darin 1 Esslöffel gehackte Zwiebeln glasig werden, stäubt 1 Esslöffel Mehl darüber, gießt ein $1/4$ Liter Fleischbrühe an und lässt alles bei kleiner Hitze 8 Minuten köcheln. Dann verrührt man 1 Esslöffel scharfen Senf mit einem Eigelb und 2 Esslöffeln Schlagsahne und rührt das unter die nicht mehr kochende Sauce. Zuletzt gibt man 1–2 Esslöffel Zitronensaft dazu und schmeckt alles mit Salz ab.

Beilagen:

Kräuterbrot (Rezept S. 172) oder
Zwiebelbrötchen (Rezept S. 174)

KANINCHENRÖLLCHEN MIT CHICORÉESALAT

Zutaten:

Für die Kaninchenröllchen:
300 g gegartes Kaninchenfleisch
150 g gekochter Schinken
125 g gegarte Mischpilze
150 g Semmelbrösel
50 ml saure Sahne
2 Eigelb
Salz
frisch gemahlener schwarzer Pfeffer

Außerdem: 1 Ei, je 2 EL Semmelbrösel und gehackte Haselnüsse zum Panieren, Butterschmalz zum Braten

Für den Salat:
250 g Chicorée
2 unbehandelte Orangen
1 Banane
4 EL Zitronensaft
2 EL Olivenöl
1 EL Zucker
1 EL geröstete Mandelsplitter

Zubereitung:

Kaninchenfleisch, Schinken und Pilze durch den Fleischwolf drehen. Mit Semmelbröseln, saurer Sahne, Eigelb, Salz und Pfeffer vermischen. Aus der Masse kleine Röllchen formen. Das Ei verquirlen, Semmelbrösel und Haselnüsse vermischen, die Röllchen zuerst in Ei, dann in der Bröselmasse wälzen. In einer Pfanne Butterschmalz erhitzen und die Röllchen darin rundum goldgelb ausbacken. Für den Salat den Chicorée waschen, feinstreifig schneiden und in eine Schüssel geben. Die Orangen heiß abwaschen, dünn schälen, etwas Schale beiseite legen. Die geschälten Orangen in Spalten teilen und die weiße Haut entfernen. Die Fruchtfilets aus den Trennhäuten

KANINCHENRÖLLCHEN MIT CHICORÉESALAT

schneiden. Die Banane schälen und schräg in Scheiben schneiden. Die Früchte zum Chicorée geben. Zitronensaft, Olivenöl und Zucker vermischen und über den Salat gießen. Die zur Seite gelegte Orangenschale in hauchzarte Streifen schneiden und zusammen mit den Mandelsplittern auf dem Salat verteilen.

Beilagen:
Kräuterbrot (Rezept S. 172) oder
Kräuterhörnchen (Rezept S. 177)

PASTETE MIT KRUSTE

Zutaten:

Für den Teig:
500 g Mehl,
250 g Butter
Salz
2 Eier

Für die Füllung:
1 Brötchen
700 g Kaninchenfleisch ohne Knochen
200 g Schweinebauch
100 g Kaninchenleber
100 g Räucherspeck
2 Zwiebeln
2 Knoblauchzehen

2 EL gehackte Petersilie
1 Ei
Salz
frisch gemahlener
schwarzer Pfeffer
Pastetengewürz
(fertige Mischung)
2 EL Kognak oder Weinbrand
6 EL gegarte, fein geschnittene Champignons

Außerdem: Butter für die Kastenform, 1 Eigelb,
6 EL Johannisbeergelee,
4 EL Madeira

Zubereitung:

Das Mehl in eine Schüssel sieben und in die Mitte eine Vertiefung drücken. Die Butter in Flöckchen, Salz, Eier und 2 Esslöffel Wasser in die Vertiefung geben. Von der Mitte aus rasch einen Teig kneten und 2 Stunden in den Kühlschrank stellen.

Für die Füllung das Brötchen in Wasser einweichen. Das Kaninchenfleisch, den Schweinebauch, die Kaninchenleber und den Speck durch den Fleischwolf drehen und in eine Schüssel geben. Die Zwiebeln und die Knoblauchzehen schälen und fein hacken. Mit der Petersilie, dem ausgedrückten Brötchen, dem Ei, Salz, Pfeffer, Pastetengewürz, Kognak

PASTETE MIT KRUSTE

oder Weinbrand und den Champignons zum Fleisch geben und gut vermischen. Zwei Drittel des Teiges 5 mm dick ausrollen. Eine Kastenform ausbuttern, die ausgerollte Teigplatte hineingeben und einen Rand hochziehen. Die Fleischmasse darauf verteilen. Vom restlichen Teig etwas zum Verzieren beiseite legen, die Hauptmasse ausrollen und auf die Fleischmasse legen, verzieren und mit Eigelb bepinseln. Mehrere Löcher einstechen, damit der beim Backen entstehende Dampf abziehen kann. In der vorgeheizten Backröhre bei 200 Grad 70 Minuten backen. Herausnehmen. Johannisbeergelee und Madeira verrühren und in die Teigöffnung der Pastete eingießen.

Beilage:
Blattsalat (Rezept S. 168)

PASTETEN MIT WÜRZIGER FÜLLUNG

Zutaten:

8 Pastetenhüllen (vom Bäcker)
Für die Füllung:
400 g gegartes Kaninchen-
fleisch ohne Knochen
125 g Räucherspeck
1 Zwiebel, 1 EL Butterschmalz
2 EL Mehl
$^1/_8$ l Fleischbrühe

$^1/_8$ l Rotwein
$^1/_8$ l saure Sahne
1 EL Tomatenmark
Salz, frisch gemahlener
schwarzer Pfeffer
4 Wacholderbeeren
2 EL gegarte, fein geschnittene
Pfifferlinge

Zubereitung:

Für die Füllung das Fleisch und den Speck in kleine Würfel schneiden. Die Zwiebel schälen und fein hacken. In einer Pfanne das Butterschmalz erhitzen, den Speck darin ausbraten, die Zwiebelwürfel zufügen und glasig werden lassen. Alles mit Mehl bestäuben und gut verrühren. Fleischbrühe, Rotwein, saure Sahne und Tomatenmark einrühren und mit Salz, Pfeffer und zerdrückten Wacholderbeeren würzen. Alles kurz aufkochen lassen. Zuletzt die Fleischwürfel und die Pfifferlinge untermischen. Die Pastetenhüllen im vorgeheizten Backofen kurz erhitzen und mit der Fleischmasse füllen.

Beilage:
Knackiger grüner Salat (Rezept S. 168)

PARTYPASTETCHEN

Zutaten:

Für den Teig:
500 g Blätterteig (tiefgekühlt)
2 Eigelb

Für die Füllung:
300 g Kaninchenfleisch ohne Knochen
100 g Kaninchenleber

150 g Räucherspeck
1 Zwiebel, 1 Ei
2 Knoblauchzehen
Salz, frisch gemahlener schwarzer Pfeffer
4 EL gegarte Champignonscheiben
1 EL gehackte Petersilie

Zubereitung:

Den Blätterteig nach Packungsvorschrift auftauen und auf bemehlter Fläche 3 mm dick ausrollen. Dreiecke, Vierecke oder Kreise ausschneiden. Eigelbe mit 1 Esslöffel Wasser verquirlen und den Rand der Teigböden damit bestreichen.

Für die Füllung das Kaninchenfleisch, die Kaninchenleber und den Räucherspeck durch den Fleischwolf drehen und in eine Schüssel füllen. Die Zwiebel und die Knoblauchzehen schälen, fein hacken und mit dem Ei, Salz, Pfeffer, den Champignonscheiben und der Petersilie zum Fleisch geben. Alles zu einem geschmeidigen Teig verkneten. Jeweils 1 Esslöffel von der Fleischfüllung in die Mitte eines Teigstückes setzen und ein passendes Teigstück darüber legen. Die Ränder fest zusammendrücken. Ein Backblech mit Wasser befeuchten, die Pastetchen darauf setzen und mit einem Holzstäbchen mehrmals einstechen. Mit dem restlichen Eigelb bestreichen. Nach Belieben mit Teigstreifen oder Teigrosetten verzieren. Im vorgeheizten Backofen bei 200 Grad etwa 25 Minuten backen.

FLEISCHTASCHEN

Zutaten:

Für den Teig:
300 g Mehl
20 g Hefe
$1/8$ l Milch
$1/2$ TL Salz
100 g Butter

Für die Füllung:
350 g Kaninchenfleisch ohne Knochen

150 g Schweinebauch
100 g Räucherspeck
2 EL Sardellenpaste
Salz, frisch gemahlener schwarzer Pfeffer

Außerdem:
Butter für das Backblech

Zubereitung:

Das Mehl in eine Schüssel sieben und in die Mitte eine Vertiefung drücken. Die Hefe in etwas lauwarmer Milch verquirlen und in die Vertiefung gießen. Etwas Mehl darüber stäuben. Zugedeckt 20 Minuten gehen lassen. Auf den Mehlrand das Salz und die Butter in Flöckchen geben. Von der Mitte her einen geschmeidigen Teig bereiten, dabei die restliche Milch einarbeiten. Zugedeckt 1 Stunde gehen lassen. Durchkneten und auf bemehlter Fläche $1/2$ cm dick ausrollen. Quadrate von 12 cm Seitenlänge ausschneiden.

Für die Füllung das Kaninchen- und Schweinefleisch und den Speck durch den Fleischwolf drehen und in eine Schüssel füllen. Mit Sardellenpaste, Salz und Pfeffer pikant abschmecken. Mit einem Teelöffel jeweils etwas Füllung auf die Teigstücke geben. Dann die Teigstücke wie Taschen zusammenklappen und die Ränder fest zusammendrücken. Ein Backblech ausbuttern, die Fleischtaschen darauf setzen und im vorgeheizten Backofen bei 200 Grad etwa 25 Minuten backen.

KANINCHENPASTETE

Zutaten:

400 g Blätterteig (tiefgekühlt)
500 g Kaninchenfleisch
ohne Knochen
125 g Räucherspeck
500 g Kalbsbratwurstfüllung
(vom Fleischer)
Salz, frisch gemahlener
schwarzer Pfeffer

6 Wacholderbeeren
1 TL Thymian
3 EL Kognak oder Weinbrand
20 g Pistazien
2 Eigelb

Außerdem: Butter für das
Backblech, Johannisbeergelee

Zubereitung:

Den Blätterteig nach Vorschrift auftauen und zu einem 2 mm dicken Rechteck ausrollen.

Für die Füllung das Fleisch und den Speck durch den Fleischwolf drehen und in eine Schüssel füllen. Bratwurstfüllung, Salz, Pfeffer, zerdrückte Wacholderbeeren, Thymian, Kognak oder Weinbrand und Pistazien zugeben und einen geschmeidigen Teig bereiten. Die Fleischmasse auf einer Teighälfte verteilen, die andere Teighälfte darüber schlagen und mit verquirltem Eigelb bestreichen und mehrmals mit einer Gabel einstechen, damit der beim Backen entstehende Dampf entweichen kann. Die Ränder fest zusammendrücken. Nach Belieben die Teigrolle mit Teigresten verzieren. Die Rolle 1 Stunde in den Kühlschrank stellen und anschließend im vorgeheizten Backofen bei 200 Grad etwa 35 Minuten backen. Herausnehmen, in Scheiben schneiden und auf jede Scheibe etwas Johannisbeergelee geben.

PIKANTE TORTE

Zutaten:

Für den Teig:
300 g Mehl
1 gestrichener TL Backpulver
125 g kalte Butter
2 Eier
$1/2$ TL Salz

Für den Belag:
125 g durchwachsener Speck
2 Zwiebeln
2 Knoblauchzehen
1 EL Butterschmalz

2 rote und 2 grüne Paprikaschoten
500 g Zucchini
300 g gegartes Kaninchenfleisch
Salz, frisch gemahlener schwarzer Pfeffer
$1/2$ TL Oregano
2 EL geriebener Parmesankäse
Außerdem: Butter für das Backblech, 2 EL Öl für den Teigboden

Zubereitung:

Das Mehl mit dem Backpulver vermischen und in eine Schüssel sieben. In die Mitte eine Vertiefung drücken. Die Butter in Flöckchen, Eier und Salz in die Vertiefung geben und alles von der Mitte her zu einem glatten Teig verkneten. Eine Stunde kalt stellen. Auf bemehlter Fläche ausrollen und in eine ausgebutterte Springform füllen.

Für den Belag den Speck in kleine Würfel schneiden. Die Zwiebeln und die Knoblauchzehen schälen. Die Zwiebeln in Ringe schneiden, den Knoblauch fein hacken. In einer Pfanne das Butterschmalz erhitzen, die Speckwürfel hineingeben und auslassen. Zwiebelringe zufügen und goldgelb braten. Vom

PIKANTE TORTE

Herd nehmen, den Knoblauch einrühren. Die Paprikaschoten waschen, putzen und in Streifen schneiden. Die Zucchini waschen und in Scheiben schneiden. Das Kaninchenfleisch in kleine Streifen schneiden. Den Teigboden mit Öl bepinseln. Die Zwiebel-Speck-Mischung, Paprikastreifen, Zucchinischeiben und das Kaninchenfleisch darauf geben und mit Salz, Pfeffer und Oregano würzen. Mit Käse bestreuen. Im vorgeheizten Backofen bei 200 Grad etwa 35 Minuten backen.

THÜRINGER KLÖSSE

Zutaten:

2 Brötchen
40 g Butter
2,5 kg mehlig kochende Kartoffeln
Salz

Zubereitung:

Die Brötchen in kleine Würfel schneiden. In einer Pfanne die Butter erhitzen und die Brötchenwürfel darin goldgelb rösten. Die Kartoffeln schälen und waschen. Ein Drittel davon grob zerkleinern und in Salzwasser weich kochen. Das Wasser bis auf einen kleinen Teil abgießen und einen dickflüssigen Kartoffelbrei bereiten. In eine Schüssel etwas kaltes Wasser geben, die restlichen Kartoffeln hineinreiben. Die Masse durch ein Tuch pressen, dabei die Flüssigkeit in einem Gefäß auffangen, so dass sich die Stärke absetzen kann. In einem Topf Salzwasser zum Kochen bringen. Den Kartoffelbrei ebenfalls kurz aufkochen lassen und sofort über die geriebene Kartoffelmasse gießen. Die abgesetzte Stärke und einen Teelöffel Salz zugeben. Alles rasch verkneten. Mit nassen Händen Klöße formen und in die Mitte einige Brötchenwürfel geben. Die Klöße in das kochende Salzwasser legen und im siedenden Wasser 20 Minuten ziehen lassen.

WATTEKLÖSSE

Zutaten:

2 Brötchen
40 g Butter
1 kg mehlig kochende
Kartoffeln
2 Eier
80 g Kartoffelmehl

Salz
1 Messerspitze abgeriebene
Muskatnuss

Zubereitung:

Die Brötchen in kleine Würfel schneiden. In einer Pfanne die Butter erhitzen und die Brötchenwürfel darin goldgelb rösten. Die Kartoffeln in der Schale gar kochen, pellen und durch die Kartoffelpresse drücken. Die Kartoffelmasse mit den Eiern, Kartoffelmehl, Salz und Muskat verkneten. In einem Topf Salzwasser zum Kochen bringen. Aus dem Teig mit nassen Händen Klöße formen, einige Brötchenwürfel in die Mitte geben und in das kochende Salzwasser legen. Im siedenden Wasser 20 Minuten ziehen lassen.

KLÖSSE VON GEKOCHTEN KARTOFFELN

Zutaten:

2 Brötchen
40 g Butter
1 kg mehlig kochende Kartoffeln
¼ l saure Sahne

4 Eier
80 g Mehl
1 Messerspitze abgeriebene Muskatnuss

Zubereitung:

Die Brötchen in kleine Würfel schneiden. In einer Pfanne die Butter erhitzen, die Brötchenwürfel darin goldgelb braten. Die Kartoffeln in der Schale kochen, pellen und durch die Kartoffelpresse drücken. Sahne, Eier, Mehl, Muskat und Brötchenwürfel einarbeiten. In einem Topf Salzwasser zum Kochen bringen. Mit bemehlten Händen Klöße formen, in das kochende Salzwasser legen und bei mäßiger Hitze 15 Minuten ziehen lassen.

WICKELKLÖSSE

Zutaten:

1 kg mehlig kochende Kartoffeln
300 g Mehl
3 Eier
$^1/_8$ l Milch

500 g durchwachsener Speck
2 EL Semmelbrösel
1 l klare Fleischbrühe
4 EL Kräuter (Petersilie, Schnittlauch, Dill)

Zubereitung:

Die Kartoffeln in der Schale kochen, pellen und durch die Kartoffelpresse drücken. Mehl, Eier, Salz und Milch zugeben und einen geschmeidigen Teig bereiten. Den Speck in kleine Würfel schneiden und knusprig braten. Auskühlen lassen. Den Teig zu einem 1 cm dicken Rechteck ausrollen, die abgetropften Speckwürfel und die Semmelbrösel darauf geben. Die Teigplatte von der Längsseite her aufrollen und in 4 cm dicke Scheiben schneiden. Klöße formen. Die Fleischbrühe zum Kochen bringen, die Wickelklöße bei mäßiger Hitze darin 15 Minuten ziehen lassen. Mit einem Schaumlöffel herausnehmen, abtropfen lassen und in eine Schüssel füllen. Das Speckfett und gehackte Kräuter darauf geben.

KLÖSSE MIT MEERRETTICH

Zutaten:

1 Brötchen
30 g Butter
1 kg mehlig kochende Kartoffeln
4 EL geriebener Meerrettich
2 Eier

$^{1}/_{2}$ TL Salz
2 EL Weizenmehl
2 EL Kartoffelmehl

Außerdem:
Mehl zum Wälzen

Zubereitung:

Das Brötchen in kleine Würfel schneiden. In einer Pfanne die Butter erhitzen und die Brötchenwürfel darin goldgelb rösten. Die Kartoffeln in der Schale kochen, pellen und durch die Kartoffelpresse drücken. Mit Meerrettich, Eiern, Salz, Mehl und Kartoffelmehl vermengen. Wenn nötig, 1 bis 2 Esslöffel Wasser zufügen. In einem Kloßtopf Salzwasser zum Kochen bringen. Aus dem Teig Klöße formen und in die Mitte die Brötchenwürfel drücken. Die Klöße in Mehl wälzen und in das kochende Salzwasser legen. In leise siedendem Wasser 10 Minuten gar ziehen lassen.

KLÖSSE MIT PILZEN

Zutaten:

2–3 EL getrocknete Steinpilze
1 Zwiebel
1 kg Kartoffeln
175 g Stärkemehl
Salz
frisch gemahlener
weißer Pfeffer
200 ml Milch
1 EL gehackte Petersilie

Zubereitung:

Die Pilze in etwas Wasser einweichen. Die Zwiebel schälen und fein hacken. Die Kartoffeln mit der Schale kochen, pellen, durch die Kartoffelpresse drücken und in eine Schüssel geben. Stärkemehl, Salz und Pfeffer untermischen. Die Milch erhitzen und in die Kartoffelmasse einarbeiten. Die eingeweichten Pilze zerkleinern und zusammen mit der gehackten Zwiebel und Petersilie unter den Teig mengen. In einem Topf Salzwasser zum Kochen bringen, aus dem Teig Klöße formen, in das kochende Salzwasser legen und 15 Minuten darin ziehen lassen. Herausnehmen, abtropfen lassen und in eine Schüssel füllen.

SEMMELKNÖDEL

Zutaten:

8 Brötchen vom Vortag
375 ml Milch
80 g Räucherspeck
1 Zwiebel
4 Stängel Petersilie

1 EL Butter
2 Eier
Salz
1 Messerspitze abgeriebene
Muskatnuss

Zubereitung:

Die Brötchen in feine Scheiben schneiden und in eine Schüssel geben. In einem Topf die Milch zum Kochen bringen und die Semmelscheiben damit überbrühen. Den Speck in kleine Würfel schneiden. Die Zwiebel schälen und fein hacken. Die Petersilie waschen, abtropfen lassen und ebenfalls fein hacken. In einer Pfanne die Butter erhitzen, die Speckwürfel hineingeben und kross ausbraten. Zwiebel und Petersilie zufügen und kurz mitrösten. Vom Herd nehmen. Ausgekühlt mit den Eiern, Salz und Muskat zur Brötchenmasse geben und gut durchkneten. Salzwasser zum Kochen bringen. Aus der Brötchenmasse mit nassen Händen Klöße formen, in das Salzwasser einlegen und 20 Minuten darin ziehen lassen. Herausnehmen, abtropfen lassen und in eine Schüssel füllen. Sofort servieren.

SEMMELKLOSS

Zutaten:

500 g Weißbrot
1 l Milch
50 g Butter
400 g Mehl
2 gestrichene TL Backpulver
3 Eier

Salz
1 Messerspitze abgeriebene Muskatnuss

Zubereitung:

Vom Weißbrot die Rinde abschneiden, zerkleinern und beiseite stellen. Das Weißbrot zunächst in Scheiben, dann in Streifen schneiden und in eine Schüssel legen. Die Milch zum Kochen bringen und über das Weißbrot gießen. In einer Pfanne die Butter erhitzen, die Weißbrotrinde darin knusprig braten und zur Weißbrotmasse geben. Auskühlen lassen. Das Mehl mit dem Backpulver vermischen und über die Weißbrotmasse sieben. Eier, Salz und Muskatnuss zufügen. Alles gut vermengen. Salzwasser zum Kochen bringen. Den Teig auf eine Serviette geben. So zusammenbinden, dass zum Aufgehen des Kloßes Platz bleibt. Über einen Quirlstiel in das kochende Salzwasser hängen und 1 Stunde sieden lassen. Herausnehmen und in Scheiben schneiden.

PFANNENKARTOFFELN

Zutaten:

1,5 kg mehlig kochende Kartoffeln
½ TL Salz
200 g durchwachsener Speck
⅛ l Sonnenblumenöl
80 g Butter
gehackte Kräuter
(Petersilie, Schnittlauch, Dill)

Zubereitung:

Die Kartoffeln in der Schale kochen, pellen und durch die Kartoffelpresse drücken. Salzen. Den Speck in kleine Würfel schneiden. Für die erste Portion Öl in einer Pfanne erhitzen, ein Viertel der Speckwürfel darin knusprig braten, ein Viertel der Kartoffelmasse fingerdick darauf verteilen und 8 Minuten backen. Mit der knusprigen Seite nach oben auf einen vorgewärmten Teller geben, Butterflöcken darauf setzen und gehackte Kräuter darüber streuen. Mit den restlichen Zutaten ebenso verfahren.

KARTOFFELPUFFER

Zutaten:

400 g in der Schale gekochte Kartoffeln
800 g rohe Kartoffeln
Salz
¼ l Buttermilch
Öl oder Butterschmalz zum Ausbacken

Zubereitung:

Die gekochten Kartoffeln abpellen und durch die Kartoffelpresse drücken. Die rohen Kartoffeln schälen und fein reiben. Die Kartoffelmasse etwas ausdrücken. Beide Kartoffelmassen vermengen, Salz und Buttermilch einarbeiten. In einer Pfanne das Öl erhitzen, mehrere Löffel von dem dicklichen Kartoffelteig einfüllen, breit drücken und auf beiden Seiten knusprig braten.

PETERSILIENKARTOFFELN

Zutaten:
1 kg kleine Kartoffeln
Salz
1 Bund glatte Petersilie

Zubereitung:
Die Kartoffeln schälen, waschen und in Salzwasser garen. Das Wasser abgießen, die Kartoffeln unter Schütteln kurz dämpfen. Die Petersilie abbrausen, abtropfen lassen, von den groben Stielen befreien und fein hacken. Die Kartoffeln in eine vorgewärmte Schüssel geben und die Petersilie darüber streuen.

KARAMELISIERTE KARTOFFELN

Zutaten:

500 g kleine, fest kochende Kartoffeln
3 EL Zucker
1 EL Butter

1 Messerspitze abgeriebene Muskatnuss
2 EL gehackte Petersilie

Zubereitung:

Die Kartoffeln in der Schale kochen, schälen, auskühlen lassen. In einem Topf den Zucker goldbraun rösten, Butter und Muskat zufügen, die Kartoffeln darin schwenken. Herausnehmen, in eine vorgewärmte Schüssel geben und mit Petersilie bestreut zu Tisch bringen.

KARTOFFELSALAT

Zutaten:

1,5 kg fest kochende Kartoffeln
20 g eingelegte Trüffel
(Konserve)
8 EL Weinessig
8 EL Olivenöl

Salz
frisch gemahlener
weißer Pfeffer
3 Schalotten

Zubereitung:

Die Kartoffeln in der Schale kochen, pellen, in dünne Scheiben schneiden und in eine Schüssel geben. Die Trüffel ebenfalls in dünne Scheiben schneiden. Die Schalotten schälen und fein hacken. Mit den Trüffelscheiben unter die Kartoffelscheiben mengen. 3 Esslöffel Trüffelwasser mit dem Weinessig, dem Olivenöl, Salz und Pfeffer verrühren und über die Kartoffeln gießen. Zugedeckt etwas durchziehen lassen.

KARTOFFELBREI

Zutaten:

1 kg mehlig kochende
Kartoffeln
Salz
1 EL Butter
1 Eigelb

1 Messerspitze abgeriebene
Muskatnuss
$^1/_8$ l heiße Milch
2 EL gehackte Kräuter

Zubereitung:

Die Kartoffeln schälen, waschen, halbieren und in Salzwasser weich kochen. Das Wasser abgießen. Die Kartoffeln mit dem Mixer pürieren. Butter, Eigelb, Salz, Muskat, Milch und Kräuter einrühren.

Variante:

Kartoffelbrei schmeckt auch überbacken. Dafür gibt man die Masse in eine feuerfeste Form, streut 2–3 Esslöffel geriebenen Käse (Emmentaler) darüber und setzt einige Butterflöckchen (20 Gramm) darauf.

SPÄTZLE

Zutaten:

250 g Mehl
4 Eier
½ TL Salz
50 g Butter

Zubereitung:

Das Mehl in eine Schüssel sieben. In die Mitte eine Vertiefung drücken. Eier, Salz und 4 Esslöffel Wasser in die Vertiefung geben und von der Mitte aus einen glatten, zähen Teig bereiten. Mit einem Kochlöffel die Masse kräftig schlagen. In einem Topf Salzwasser zum Kochen bringen. Auf einem nassen Spätzlebrett einen Teil des Teiges dünn ausstreichen und mit einer Palette in dünne Streifen teilen. Die Spätzle in das kochende Wasser geben und zwei Minuten sprudelnd kochen lassen. Herausnehmen, in kaltem Wasser abschrecken und abtropfen lassen. Mit dem Rest des Teiges ebenso verfahren. In einer Pfanne die Butter zerlassen, die abgetropften, gegarten Spätzle kurz darin schwenken und etwas salzen.

EIERNUDELN

Zutaten:

3 Eier
2 Eigelb
250 g Mehl
100 g Grieß
½ TL Salz
30 g weiche Butter

Außerdem:
Mehl zum Ausrollen,
Butterflöckchen

Zubereitung:

Eier und Eigelb in eine Schüssel geben und mit einer Gabel schaumig schlagen. Das Mehl darüber sieben. Grieß, Salz und Butter zufügen. Alles zu einem festen Teig verkneten. Zugedeckt 1 Stunde ruhen lassen. Den Teig in Stücke teilen, die Teigstücke auf bemehlter Fläche hauchdünn ausrollen. ½ cm breite Streifen schneiden und 5 Minuten trocknen lassen. In einem Topf Salzwasser zum Kochen bringen, die Teigstreifen hineingeben und 6–8 Minuten sieden lassen. Anschließend kurz unter kaltem Wasser abschrecken, in eine vorgewärmte Schüssel füllen, Butterflöckchen aufsetzen und sofort servieren.

PILZNUDELN

Zutaten:

250 g frische Steinpilze
70 g Butter
Salz
frisch gemahlener
weißer Pfeffer

350 g Mehl
2 Eier
2 Eigelb
30 g weiche Butter
½ TL Salz

Zubereitung:

Die Pilze säubern und klein schneiden. In einer Pfanne die Hälfte der Butter erhitzen, die Pilze hineingeben, mit Salz und Pfeffer würzen und 5 Minuten bei mäßiger Hitze köcheln lassen. Vom Herd nehmen und pürieren. Das Mehl in eine Schüssel sieben. In die Mitte eine Vertiefung drücken. Eier und Eigelbe, die restliche Butter, ½ Teelöffel Salz und die pürierten Pilze in die Vertiefung geben und von der Mitte her einen festen Teig kneten. Zugedeckt eine Stunde ruhen lassen. Den Teig in Stücke teilen, die Teigstücke auf bemehlter Fläche dünn ausrollen und in ½ cm breite Streifen schneiden. 5 Minuten trocknen lassen. In einem Topf Salzwasser zum Kochen bringen, die Nudelstreifen hineingeben und 6–8 Minuten garen. Anschließend kurz unter kaltem Wasser abschrecken und in eine vorgewärmte Schüssel füllen.

Roggennudeln

Zutaten:

400 g Roggenmehl
4 Eier
4 Eigelb
4 EL gehacktes Basilikum
Salz
50 g Butter

Außerdem:
Roggenmehl zum Ausrollen,
50 g Butter, 2 EL gehacktes Basilikum

Zubereitung:

Das Mehl in eine Schüssel sieben und in die Mitte eine Vertiefung drücken. Eier, Eigelbe und Basilikum in die Vertiefung geben und von der Mitte her einen festen Teig kneten. Zugedeckt 2 Stunden ruhen lassen. Den Teig auf bemehlter Fläche dünn ausrollen und in $^1/_2$ cm breite Streifen schneiden. Die Nudelstreifen eine Stunde trocknen lassen. In einem Topf Salzwasser zum Kochen bringen, die Nudeln hineingeben und 6–8 Minuten garen. In einen Durchschlag geben und kurz kalt abschrecken. In einer Pfanne die Butter zerlassen, Basilikum zufügen und die Nudeln darin schwenken.

GEMÜSEREIS

Zutaten:

250 g Langkornreis
je 1 rote und grüne
Paprikaschote
40 g Butter
Salz
frisch gemahlener
weißer Pfeffer

1 kleine Dose Mais
(etwa 150 g)
100 ml Fleischbrühe
2–3 EL gehackte Kräuter
(Petersilie, Dill, Estragon)

Zubereitung:

Den Reis waschen und in ½ Liter Salzwasser zum Kochen bringen und 20 Minuten köcheln lassen. Die Paprikaschoten waschen, putzen und in Streifen schneiden. In einem Topf die Butter erhitzen, die Paprikastreifen hineingeben, mit Salz und Pfeffer würzen und 10 Minuten dünsten. Den abgetropften Mais, die Fleischbrühe und den gegarten Reis dazugeben, erhitzen und 5 Minuten köcheln lassen. Abschmecken und mit Kräutern bestreut servieren.

BUTTERREIS

Zutaten:

50 g Wildreis
125 g Langkornreis
80 g Butter

Zubereitung:

Den Wildreis waschen und in $1/2$ Liter Wasser 30 Minuten quellen lassen. Danach zum Kochen bringen und 45 Minuten garen. Abgießen. Den Langkornreis waschen, in $1/4$ Liter Salzwasser zum Kochen bringen, zugedeckt bei mäßiger Hitze 20 Minuten köcheln lassen. In einer Pfanne die Butter erhitzen, beide Reissorten hineingeben und vermischen.

GRÜNKOHL

Zutaten:

1,5 kg Grünkohl
Salz
1 Zwiebel
100 g Schweineschmalz
150 g durchwachsener Speck
frisch gemahlener
schwarzer Pfeffer
500 g saftige Birnen

Zubereitung:

Grünkohl von den Rippen streifen, waschen und in $^1/_2$ Liter Salzwasser kurz aufkochen. Die Zwiebel schälen und fein hacken. In einem Topf das Schmalz zerlassen und die Zwiebel darin dünsten. Den Speck in kleine Würfel schneiden und zusammen mit der gedünsteten Zwiebel und etwas Pfeffer zum Grünkohl geben. Zum Kochen bringen und bei mäßiger Hitze 50 Minuten köcheln lassen. Die Birnen schälen, in Viertel teilen, dabei das Kerngehäuse entfernen. Die Birnenviertel zum Grünkohl geben und 10 Minuten mitgaren. Mit Salz und Pfeffer abschmecken.

Tip:

Für ein gutes Grünkohlgericht sollten dunkle, knackige Blätter verwendet werden, die „reif" sind, also den ersten Frost abgekriegt haben.

KNACKIGER GRÜNER KOPFSALAT

Zutaten:

1 Kopfsalat
2 EL Zitronensaft
$1/_8$ l saure Sahne

$1/_2$ TL Zucker
1 kräftige Prise Salz
2 EL Schnittlauchröllchen

Zubereitung:

Den Salat putzen, waschen, abtropfen lassen und in mundgerechte Stücke teilen. Aus Zitronensaft, saurer Sahne, Zucker und Salz eine Marinade bereiten und über die Salatblätter gießen. Alles vorsichtig vermischen. Schnittlauchröllchen darüber geben. Sofort servieren.

ROTE ZWIEBELN

Zutaten:

500 g Zwiebeln
500 g Tomaten
60 g Butter

1 EL Mehl
4 EL saure Sahne
Salz, Zucker

Zubereitung:

Die Zwiebeln schälen und fein schneiden. Die Tomaten waschen und in Scheiben schneiden. In einer Kasserolle die Butter erhitzen, zuerst die Zwiebeln hineingeben und darauf die Tomaten anordnen. Erhitzen und dann 10 Minuten leicht köcheln lassen. Durch ein Sieb streichen. Das Mehl in der sauren Sahne verquirlen und in die Zwiebel-Tomaten-Masse einrühren. Mit Salz und Zucker abschmecken.

ZWIEBELGEMÜSE

Zutaten:

500 g Zwiebeln
60 g Butter
2 Äpfel (250 g)
Saft von einer halben Zitrone
1 Paprikaschote

80 g Butter
frisch gemahlener
schwarzer Pfeffer
1 kräftige Prise Zucker
Salz

Zubereitung:

Die Zwiebeln schälen, in dünne Scheiben schneiden und in einem Topf mit wenig Wasser 8 Minuten dünsten. Von den Äpfeln das Kerngehäuse ausstechen, die Äpfel schälen, in 1 cm dicke Scheiben schneiden, mit Zitronensaft beträufeln und beiseite stellen. Die Paprikaschote waschen und in Streifen schneiden. In einem Topf die Butter erhitzen und die Paprikastreifen darin 10 Minuten dünsten. Paprikastreifen und Apfelscheiben zu den Zwiebeln geben. 5 Minuten köcheln lassen. Mit Pfeffer, Zucker und Salz abschmecken.

GLASIERTE SCHALOTTEN

Zutaten:

250 g Schalotten
70 g Butter
40 g Zucker
2 bis 3 EL Fleischbrühe

Zubereitung:

Die Schalotten vorsichtig schälen, damit die Oberfläche nicht beschädigt wird. In einer Pfanne die Butter erhitzen, den Zucker einrühren, die Schalotten hineingeben und unter ständigem Schütteln ringsum bräunen. Sobald der Zucker beginnt zu stark zu karamelisieren, etwas Fleischbrühe zugeben. Die Schalotten so lange weiter bewegen, bis die Flüssigkeit verdampft ist. Die Schalotten herausnehmen, wenn sie goldbraun sind und glänzen.

KRÄUTERBROT

Zutaten:

500 g Mehl
40 g Hefe
$1/8$ l Milch
4 EL fein gehackte Schalotten
1 Bund Schnittlauch, fein geschnitten
$1/2$ TL Salz
1 TL gemahlener Kümmel

50 g weiche Butter
1 Ei

Außerdem:
Butter für die Kastenform,
1 Eigelb zum Bestreichen,
Salz und Kümmel zum Bestreuen

Zubereitung:

Das Mehl in eine Schüssel sieben und in die Mitte eine Vertiefung drücken. Die Hefe in etwas lauwarmer Milch verquirlen und in die Vertiefung gießen. Etwas Mehl darüber stäuben. Zugedeckt 30 Minuten gehen lassen. Von der Mitte her einen geschmeidigen Teig bereiten, dabei die restliche Milch, Schalotten, Schnittlauch, Salz, Kümmel, Butter und Ei zugeben. Zugedeckt eine Stunde gehen lassen. Eine Kastenform ausbuttern. Den Teig durchkneten und in die Form füllen. Mit Eigelb bestreichen und mit Salz und Kümmel bestreuen. Im vorgeheizten Backofen bei 200 Grad etwa eine Stunde backen.

SAUERKRAUTBROT

Zutaten:

1 kg Mehl	1 kg Sauerkraut
60 g Hefe	30 g Butterschmalz
knapp ½ l Milch	
150 g weiche Butter	Außerdem:
2 Eier	Butter für das Backblech,
1 TL Salz	1 Eigelb und 2 EL Milch
4 Zwiebeln	zum Bepinseln

Zubereitung:

Das Mehl in eine Schüssel sieben und in die Mitte eine Vertiefung drücken. Die Hefe in etwas lauwarmer Milch verquirlen und in die Vertiefung gießen. Mit etwas Mehl bestäuben. Zugedeckt 30 Minuten gehen lassen. Von der Mitte her einen Teig bereiten, dabei die restliche Milch, Butter, Eier und Salz zufügen. Alles gut verkneten. Zugedeckt 1 Stunde gehen lassen. Inzwischen die Zwiebeln schälen und in kleine Würfel schneiden. Das Sauerkraut fein hacken. In einem Topf das Butterschmalz erhitzen, die Zwiebeln darin glasig werden lassen, das Kraut zufügen und 10 Minuten schmoren lassen. Auskühlen lassen. Den Teig gut durchkneten und halbieren. Ein Backblech ausbuttern. Eine Teighälfte ausrollen und auf das Backblech geben. Einen Rand hochziehen. Das Sauerkraut auf der Teigplatte verteilen. Die andere Teighälfte ausrollen, auf das Kraut legen und die Ränder fest andrücken. Eigelb und Milch verrühren und das Brot damit bepinseln. Im vorgeheizten Backofen bei 200 Grad etwa 45 Minuten backen.

ZWIEBELBRÖTCHEN

Zutaten:

500 g Schalotten
200 g Räucherspeck
1 EL Butterschmalz
250 g Weizenmehl
250 g Weizenschrot
40 g Hefe

½ TL Salz

Außerdem:
2 Eigelb zum Bepinseln,
Butter für das Backblech

Zubereitung:

Die Schalotten schälen und in dünne Scheiben, den Speck in kleine Würfel schneiden. In einer Pfanne das Butterschmalz erhitzen, die Speckwürfel hineingeben und auslassen. Zwiebelscheiben dazugeben und goldbraun braten. Auskühlen lassen. Weizenmehl und Weizenschrot in eine Schüssel geben und in die Mitte eine Vertiefung drücken. Die Hefe in 300 ml lauwarmem Wasser auflösen und in die Vertiefung gießen. Etwas Mehl darüber stäuben. Das Salz auf dem Mehlrand verteilen. Zugedeckt 30 Minuten gehen lassen. Von der Mitte her einen geschmeidigen Teig bereiten. Zugedeckt 30 Minuten gehen lassen. Das Speck-Zwiebel-Gemisch einarbeiten und alles weitere 10 Minuten gehen lassen. Den Teig zu einer Rolle formen und in 16 Stücke teilen. Jedes Stück in ovale Brötchenform bringen, mit verquirltem Eigelb bestreichen und mit einem Messer dreimal schräg einkerben. Ein Backblech ausbuttern, die Brötchen darauf geben und im vorgeheizten Backofen bei 200 Grad etwa 30 Minuten backen.

ZWIEBELBRÖTCHEN

Tip:

Man kann die Brötchen mit einem Aufstrich aus Kräuterbutter mit Knoblauch verfeinern.

Zutaten für die Kräuterbutter mit Knoblauch:
125 g weiche Butter
2–3 Knoblauchzehen
1 EL gehackte Frühlingskräuter
1 TL zerriebener Thymian
Saft von einer halben Zitrone
Salz

Zubereitung:

Die Butter cremig rühren. Den Knoblauch schälen und fein hacken. Knoblauch, Kräuter, Thymian, Zitronensaft und Salz zur Butter geben. Alles gut vermischen.

SPECKBRÖTCHEN

Zutaten:

Für den Teig:
500 g Mehl
30 g Hefe
⅛ l Milch
1 Ei
50 g Butter
½ TL Salz

Für die Füllung:
250 g durchwachsener Speck
1 Zwiebel
30 g Butterschmalz

Außerdem:
2 Eigelb zum Bepinseln,
Butter für das Backblech

Zubereitung:

Das Mehl in eine Schüssel sieben und in die Mitte eine Vertiefung drücken. Die Hefe in ein wenig lauwarmer Milch verquirlen und in die Vertiefung gießen. Etwas Mehl darüber stäuben. Ei, die Butter in Flöckchen und das Salz auf dem Mehlrand verteilen. Zugedeckt 20 Minuten gehen lassen. Von der Mitte her einen geschmeidigen Teig bereiten. Zugedeckt 30 Minuten gehen lassen. Inzwischen den Speck in kleine Würfel schneiden. Die Zwiebel schälen und fein hacken. In einer Pfanne das Butterschmalz erhitzen, Speck und Zwiebel darin goldbraun braten. Den Teig zusammenstoßen, durchkneten, zur Rolle formen und in 16 Stücke teilen. Jedes Stück ausrollen, in die Mitte jeweils etwas von der Speck-Zwiebel-Mischung geben, dann den Teig zu einem ovalen Brötchen formen. Mit Eigelb bepinseln und mit einem Messer dreimal schräg einkerben. Ein Backblech ausbuttern, die Speckbrötchen darauf setzen und bei 200 Grad etwa 30 Minuten backen.

KRÄUTERHÖRNCHEN

Zutaten:

500 g Mehl
30 g Hefe
300 ml Milch
2 Schalotten
2 Knoblauchzehen
1 Bund Schnittlauch
1 Bund Petersilie
100 g Butter

1 TL Salz
1 TL gemahlener Kümmel
1 TL Majoran

Außerdem:
2 Eigelb zum Bepinseln,
Kümmel und Salz,
Butter für das Backblech

Zubereitung:

Das Mehl in eine Schüssel sieben und in die Mitte eine Vertiefung drücken. Die Hefe in etwas lauwarmer Milch verquirlen und in die Vertiefung gießen. Mit etwas Mehl bestäuben und zugedeckt 20 Minuten gehen lassen. Die Schalotten und die Knoblauchzehen schälen und fein hacken. Schnittlauch und Petersilie waschen, abtropfen lassen und ebenfalls fein hacken. Schalotten, Knoblauch, Kräuter, die Butter in Flöckchen, Salz, Kümmel und Majoran auf den Mehlrand geben. Von der Mitte her einen geschmeidigen, glatten Teig bereiten, dabei die restliche Milch zugießen. Den Teig ausrollen, Quadrate von 12 × 12 cm schneiden, von einer Ecke her aufrollen und zu Hörnchen formen. Mit verquirltem Eigelb bestreichen und mit Kümmel und Salz bestreuen. Ein Backblech ausbuttern, die Hörnchen darauf setzen und im vorgeheizten Backofen bei 200 Grad etwa 25 Minuten backen.

HÖRNCHEN MIT FLEISCHFÜLLE

Zutaten:

Für den Teig:
300 g Mehl
1 Päckchen Backpulver
250 g Butter, $^1/_2$ TL Salz
300 g ausgepresster Quark

Für die Füllung:
100 g geräucherte Entenbrust

150 g gegartes
Kaninchenfleisch
2 EL gehackte Nüsse
(Haselnüsse oder Walnüsse)

Außerdem:
Milch zum Bestreichen,
Butter für das Backblech

Zubereitung:

Das Mehl mit dem Backpulver vermischen und in eine Schüssel sieben. In die Mitte eine Vertiefung drücken. Die Butter in Stücke schneiden und zusammen mit dem Quark und dem Salz in die Vertiefung geben. Etwas Mehl darüber geben und von der Mitte her alles zu einem glatten, geschmeidigen Teig verkneten und auf bemehlter Fläche $^1/_2$ cm dick ausrollen. Mehrmals übereinanderschlagen und nochmals ausrollen. Diesen Vorgang dreimal wiederholen. Den Teig über Nacht kühl stellen. Am Backtag das Kaninchenfleisch klein schneiden, die Entenbrust häuten und in kleine Würfel schneiden. Den Teig ausrollen und in Quadrate von 12 × 12 cm schneiden. Einen Teil der Fläche mit Kaninchenfleisch, Entenbrust und Nüssen belegen. Von einer Ecke her aufrollen und zu Hörnchen formen. Mit Milch bestreichen. Ein Backblech ausbuttern, die Hörnchen darauf setzen und bei 200 Grad etwa 25 Minuten backen.

PREISELBEERMARMELADE

Zutaten:

500 g Preiselbeeren
300 g Gelierzucker
Saft von 1 Zitrone
1 Messerspitze Zimt

Zubereitung:

Die Beeren waschen, abtropfen lassen und mit dem Zucker und dem Zitronensaft in einen Topf füllen. Unter Rühren erhitzen und etwa 10 Minuten kochen lassen. In vorbereitete Gläser füllen und mit Schraubdeckeln oder Einmachfolie verschließen.

JOHANNISBEERGELEE

Zutaten:

½ l Johannisbeersaft
500 g Zucker

Zubereitung:

Den Saft so lange mit dem Zucker verrühren, bis sich der Zucker aufgelöst hat. In kleine vorbereitete Gläser füllen und mit Einmachfolie verschließen. Die Gläser einige Tage stehen lassen, bis der Saft zu gelieren beginnt.

REZEPTVERZEICHNIS

Birnen, gefüllte	31
Brot, buntes	123
Butterreis	166
Chutney	119
Eiernudeln	162
Fleischtaschen	140
Fleischbrühe	53
Fleischtopf, fruchtiger	106
Frikassee	111
Frühlingssalat mit Kaninchenwürfeln	18
Gemüsereis	165
Grünkohl	167
Hacksteaks	117
Hörnchen mit Fleischfülle	178
Hubertusspieß mit Zwiebel-Orangen-Salat	128
Johannisbeergelee	180
Kaninchen, gespicktes	72
Kaninchen im Krautmantel	79
Kaninchen im Teig	124
Kaninchen in Currysauce	83
Kaninchen mit Äpfeln	82
Kaninchen mit Backpflaumen	84
Kaninchen mit Hackfleischfüllung	58

Kaninchen mit Paprikagemüse	78
Kaninchen mit Pilzfüllung	60
Kaninchen mit Pumpernickel	86
Kaninchen mit Reisfüllung	62
Kaninchen mit Rotkohl	80
Kaninchen mit Sauerkirschen	85
Kaninchen, pikantes	64
Kaninchenbällchen mit Blattsalat	118
Kaninchenbraten auf Linsen	74
Kaninchenbraten auf Rosenkohl	76
Kaninchenbraten in Biersauce	71
Kaninchenbraten in Rotwein	68
Kaninchenbraten mit Buttermilch	70
Kaninchenbraten mit Oliven	67
Kaninchenbraten mit roter Bete	105
Kaninchenbraten mit Schalotten	66
Kaninchenbraten mit Senfsauce	57
Kaninchenbraten mit Tomaten	73
Kaninchenbratlinge mit Reis	131
Kaninchenfilet, verpacktes	101
Kaninchenfilets mit Maronenpüree	102
Kaninchenfleisch auf Sellerie	26
Kaninchenfleischsalat mit Sardellen	16
Kaninchenkeulen, gefüllte	87
Kaninchenkeulen im Zwiebelbett	97
Kaninchenkeulen, marinierte	93
Kaninchenkeulen mit Birnenhälften	90
Kaninchenkeulen mit Pflaumenmus	96
Kaninchenkeulen mit Pflaumen und Ingwer	91
Kaninchenkeulen mit Quittengelee	95
Kaninchenkeulen mit Rahmsauce	88
Kaninchenkeulen mit Rotwein	94
Kaninchenkeulen mit Tomaten	98
Kaninchenkeulen mit Weißwein	92
Kaninchenleber	114

Kaninchenleber auf Kräuterbrot	33
Kaninchenleberaufstrich	36
Kaninchenpastete	141
Kaninchenragout	108
Kaninchenragout in Rotwein-Marinade	110
Kaninchenragout mit Steinpilzen	109
Kaninchenröllchen auf Tomatenscheiben	19
Kaninchenröllchen mit Chicoréesalat	134
Kaninchenrücken in Schwarzbrotsauce	99
Kaninchenrücken, pikanter	100
Kaninchensalat mit Äpfeln	11
Kaninchensalat mit Kartoffeln	13
Kaninchensalat mit Pilzen	12
Kaninchen-Sauerkraut-Topf	49
Kaninchenschnitzel	112
Kaninchenschnitzel mit Ananas	113
Kaninchenstreifen auf Kohlrabi	20
Kaninchensülze	24
Kaninchensuppe mit Champignons	42
Kaninchensuppe mit Champignons auf andere Art	51
Kaninchensuppe mit Haube	44
Kaninchensuppe mit Kräutern	39
Kaninchensuppe mit Preiselbeeren	50
Kaninchensuppe mit Reibekäse	43
Kaninchensuppe mit Rotwein	41
Kaninchensuppe mit Tomaten	52
Kaninchensuppe, pikant	40
Kaninchenterrine	34
Kaninchentopf mit Kartoffeln	47
Kaninchentopf mit Pfefferschote	48
Kaninchentopf mit Preiselbeeren	46
Kaninchen-Zwiebel-Braten	104
Kartoffelbrei	160
Kartoffelkuchen mit Kaninchenfülle	126
Kartoffelpuffer	156

Kartoffeln, karamelisierte	158
Kartoffelsalat	159
Klopse mit Füllung	122
Klopse mit Zwiebelsalat	120
Klöße von gekochten Kartoffeln	149
Klöße mit Meerrettich	151
Klöße mit Pilzen	152
Kopfsalat, knackiger grüner	168
Kräuterbrot	172
Kräuterhörnchen	177
Mandelmedaillons auf Blattsalat	22
Medaillons auf Radieschensalat	21
Medaillons auf Rotweinporree	23
Löwenzahnsalat mit Kaninchenwürfeln	17
Paprika, gefüllte	29
Partypastetchen	139
Partywürstchen	132
Pastete, deftige	125
Pastete mit Kruste	136
Pasteten mit würziger Füllung	138
Petersilienkartoffeln	157
Pfannenkartoffeln	155
Pfirsiche, gefüllte	32
Pilznudeln	163
Preiselbeermarmelade	179
Reiskroketten	27
Roggennudeln	164
Rotwein-Pflaumen	127
Salat, feuriger	15
Salat, pikanter	14
Sauerkrautbrot	173
Schalotten, glasierte	171

Schnittlauchsauce 133
Schüsselfleisch 107
Semmelkloß 154
Semmelknödel 153
Senfsauce 133
Spätzle 161
Speckbrötchen 176
Spieß, scharfer 129
Spießbraten 130

Thüringer Klöße 147
Tomaten, gefüllte 30
Torte, pikante 142

Watteklöße 148
Wickelklöße 150

Zwiebelbrötchen 174
Zwiebelgemüse 170
Zwiebeln, gefüllte 28
Zwiebel-Relish 127
Zwiebeln, rote 169

Abbildungsverzeichnis

Titel: STOCKFOOD/S. & P. Eising

Farbtafeln Innenteil:

Vorspeisen: STOCKFOOD/S. & P. Eising
Suppen und Eintöpfe: STOCKFOOD/Uwe Bender
Hauptgerichte: STOCKFOOD/S. & P. Eising
Appetithappen: STOCKFOOD/Harry Bischof
Beilagen: STOCKFOOD/S. & P. Eising

Für Ihre Notizen

Für Ihre Notizen

Für Ihre Notizen

Für Ihre Notizen

Für Ihre Notizen

Leckeres rund ums Geflügel

Gerda Hipp-Gruner und Manuela Staiger

160 Seiten, 10 Farbtafeln, 14,8 × 21 cm, gebunden, ISBN 3-88627-190-0
DM 24,80 / öS 181,– / sFr. 23,–

Wohl jeder von uns hat Freude an leckeren Gerichten, einem schönen Essen. Gleichzeitig gewinnt für viele Menschen heutzutage eine gesundheitsbewußte, leicht bekömmliche Ernährung immer mehr an Bedeutung. Deshalb liegen die verschiedensten Geflügelgerichte, welche zu einem Großteil eiweiß-, vitamin- und mineralstoffreich sowie fettarm sind, voll im Trend.

„Leckeres rund ums Geflügel" bietet über die allseits bekannten „Klassiker" Brathähnchen und Geflügelsalat hinaus eine bunte, weitgefächerte Palette von 130 Rezepten mit Hähnchen-, Puten-, Enten- und verschiedenem Wildgeflügelfleisch.

Die Vielfalt reicht von delikaten Salaten über leichte Suppen bis hin zu Gebratenem und Hausmannskost; von einfachen, schnell zuzubereitenden Gerichten für den täglichen Speiseplan bis hin zu „Extravagantem" für ganz besondere Anlässe.

Natürlich erlauben alle Rezepte die ganz persönliche geschmackliche Variation des jeweiligen Küchenchefs.

Ob erfahrene Hausfrau, Hobbykoch oder Kochanfänger – mit diesem Buch kommt jedermann auf seine Kosten – oder besser – auf den Geschmack!

Verlagshaus Reutlingen · Oertel + Spörer · Postfach 16 42
D-72706 Reutlingen · Telefon (0 71 21) 302-585 · Fax 302-558